Ingrid Leifgen / Sabine Schleiden-Hecking
„Das tut man nicht!"

HERDER spektrum

Band 5737

Das Buch

„Vor dem Essen wäscht man sich die Hände!" – „Mit vollem Mund spricht man nicht!" – „Auf der Straße werden Bekannte gegrüßt!" – „Man popelt in der Straßenbahn nicht in der Nase!" – „Bei der Warteschlange vor der Kinokasse stellt man sich hinten an!" – Das ganze 1 x 1 des guten Benehmens bekommen Kinder nicht in die Wiege gelegt. – Der Ort, an dem gutes Benehmen primär eingeübt wird, ist die Familie. Draußen sieht man dann wer eine gute „Kinderstube" hatte, und wer nicht. Eltern haben heute mit dem Benehmen ihrer Kinder gleich ein doppeltes Problem: Sie müssen sich entscheiden und sich gemeinsam darauf verständigen, welche Regeln sie in ihrer Familie als gültig und erwünscht ansehen möchten; sie müssen sich also auf einen „Familienknigge" einigen. Sodann müssen sie einen Weg finden, diese Regeln ihren Kindern als verbindlich zu vermitteln. Da in diesem Bereich viel Unsicherheit und Ratlosigkeit herrschten, haben es die Autorinnen unternommen, einen vernünftigen und praktikablen Leitfaden für alle Betroffenen zu entwickeln – angefangen bei der persönlichen Sauberkeit und Hygiene über Fragen der Tischsitten und Essmanieren, der kleinen „Zauberwörter", bis hin zu Problemen mit der Pünktlichkeit und Verlässlichkeit, der Rücksichtnahme und der Hilfsbereitschaft. Und wenn sich Eltern selbst an die Regeln halten und mit ihren Kindern respektvoll sprechen und umgehen, dann wird es wahrscheinlich auch keine Probleme beim Benehmen der Kinder geben. – Ein klärendes, ermutigendes und unterhaltsames Buch für alle Eltern und Erziehenden.

Die Autorinnen

Sabine Schleiden-Hecking, geboren 1959, ist freie Journalistin, spezialisiert auf Frauen- und Familienthemen. Außerdem ist sie verantwortliche Redakteurin der Kinderzeitschrift SPATZ. Sie lebt ihrem Mann und ihren drei Kindern in Aachen.

Ingrid Leifgen, Jahrgang 1955, arbeitet als freie Journalistin für Zeitungen, Zeitschriften und Hörfunk. Einer ihrer Schwerpunkte sind Themen rund um Familie und Erziehung. Sie lebt mit ihrer Familie in Herzogenrath.

Ingrid Leifgen / Ingrid Schleiden-Hecking

„Das tut man nicht!"

Kinder lernen sich zu benehmen

HERDER

FREIBURG · BASEL · WIEN

Originalausgabe

© Verlag Herder GmbH, Freiburg im Breisgau 2008
Alle Rechte vorbehalten
www.herder.de

Umschlaggestaltung und -konzeption:
R·M·E München / Roland Eschlbeck, Liana Tuchel
Umschlagmotiv: © gettyimages
Satz: Rudolf Kempf, Emmendingen
Herstellung: fgb ·freiburger graphische betriebe
www.fgb.de

Autorinnenfotos: © Heike Lachmann/Loni Liebermann
Illustrationen: Ulrike Elsing

Gedruckt auf umweltfreundlichem,
chlorfrei gebleichtem Papier
Printed in Germany

ISBN-978-3-451-05737-3

Inhalt

Einleitung: Ohne Manieren geht es nicht 9

Kapitel 1 – Vom Sinn und Zweck der
Umgangsformen 11
  Wir rücken immer mehr zusammen 12
  Es wird enger. 13
  Wir werden abhängiger voneinander 14
  Warum Ritter den Helm hoben, Herren den
  Hut lüften und Jungs die Kappe abnehmen 16
  Um des lieben Friedens willen 17
  Respekt 19
  Rücksicht auf die Gefühle der Mitmenschen 20
  Ein Bazillus und die Folgen 21
  Abgrenzung oder: Warum ein König
  sein Taschentuch am Bein trägt 23
  Scham und Peinlichkeit 25

Kapitel 2 – Was in den letzten fünfzig Jahren
geschah 29
  Gegen autoritäre Zwänge 30
  Bewegung und Gegenbewegung 33
  Es ist nicht alles verloren 35

Kapitel 3 – Was Eltern tun können 39
  So oder so? Die Familiensitten 40
  Wie stehen wir zu unserem Kind? 44

Wie der Abt, so die Mönche:
Auf das Vorbild kommt es an 46
Wenn – dann: von Klarheit und Konsequenz 51
Früh übt sich 54

Kapitel 4 – Die „Basics" 57
Vom Grüßen, Begrüßen und Verabschieden 58
Hallo, Hi und Guten Morgen 59
Begrüßen 60
Mama, das ist Paul 61
Tschüs, bis morgen! 62
Sprechen und Zuhören 63
Kommunikation über Tasten 66
Immer erreichbar: Telefon und Handy 67
E-Mail und SMS, Bloggen und Chat 70
Die Zukunft im Netz: Bildtelefon 72
Zauberwörter 73
Streit muss sein, aber wie? 74
Du obermickriger Unterhosen-Zwerg 75
Prima Familienklima 77
Die leidigen Tischmanieren 78
Zusammen sein 79
Andere sind auch noch da 81
Tischnachbarn unterstützen 83
Ordnung ist das halbe Leben 83
Hast du dir wirklich die Hände gewaschen? 87
Schön sauber: Eine Frage der Gesundheit 88
Das stille Örtchen – das saubere Örtchen 91
Sei aber pünktlich! 92
Muss das immer so laut sein? 94
Zur Ruhe kommen 95
Kinderlärm ist erlaubt 97
Orte der Stille 97
Wie lange dauert es noch? 99

Achtung: hier privat 100
Mein und Dein 100
Kramen verboten 102
Bitte nicht stören 103
Was man besser alleine tut 104
Fairplay: Üben fürs Leben 106
Das Team als Schule fürs Leben 107
Von A nach B unterwegs 109
Das Fußgänger-Einmaleins 110
Im Bus und in der Bahn 111
So geh ich nicht mit dir 113
Jung und alt 114
Toleranz oder Die Kunst,
andere zu nehmen wie sie sind 116
Kann ich helfen? 119
Beim Helfen helfen 120
Das machen aber alle so 121
Nur Mut – Zivilcourage lernen 122
Haltung zeigen und bewahren 123

Kapitel 5 – Norbi isst Reis mit den Fingern 125
  Bülent hat Geburtstag 128
  Ägypter sind anders 130
  ... und Niederländer auch 133

Kapitel 6 – Außen stachelig – innen ganz weich:
Pubertät und Manieren 137
  Eine Protestbewegung ganz für
  mich allein 139
  Wenn die Seele zur Baustelle wird 143
  Raushalten, einmischen und fordern 146

Kapitel 7 – Ende gut und Schluss! 151

Literatur- und Quellenverzeichnis 154
   Literatur 154
   Zeitungen/Zeitschriften 157
   Literatur im Internet 157
   Literaturempfehlungen für Kinder 158

Einleitung:
Ohne Manieren geht es nicht

„Unsere Kinder", klagt die Leiterin einer Kindertagesstätte, „können sich überhaupt nicht benehmen. Sie fallen morgens wie die Vandalen ein, Prügeleien sind an der Tagesordnung, und wie sie essen, das möchte ich lieber gar nicht erst erzählen." Eine Grundschullehrerin schließt sich diesem Eindruck ohne Weiteres an und ergänzt ihn durch die Beschreibung eines Nachwuchses, der weder zuhören noch still sitzen kann und überhaupt über Tische und Bänke geht. Ältere Menschen gar, die das Pech in einen voll besetzten Schulbus verschlagen hat, sehen den Untergang des Abendlandes unmittelbar bevorstehen. Na ja, mag man beschwichtigend einwenden, Erwachsene neigen schon immer dazu, ihre eigene Kultur durch die nachfolgende Generation gefährdet zu sehen und die Jugend für schlecht erzogen zu halten. Aber, Hand aufs Herz, ist heute an diesem Urteil nicht doch mehr dran als früher? Ein kleines bisschen zumindest?

Ein paar Indizien sprechen dafür. An vielen Orten bieten Weiterbildungseinrichtungen zum Beispiel Benimmkurse für Kinder an. Sogar regelrechte Benimmschulen werden gegründet. Tanzschulen verzeichnen ein immer größeres Interesse verunsicherter Jugendlicher am Manierentraining. Und Arbeitgeberverbände setzen Elternhäuser und Schulen inzwischen erheblich unter Druck, dafür zu sorgen, dass junge Auszubildende wissen, was sich gehört und was nicht. Tatsächlich scheint die Erziehung zu gutem Betragen hier zu Lande eine Zeit lang in Verruf geraten zu sein. Zu sehr wurde sie mit altem Drill und Autoritätshörigkeit in Verbindung gebracht.

Selbstverständlich wissen wir, dass geschliffene Umgangsformen kein Indiz für den inneren Wert eines Menschen sind. Im Gegenteil, unter der rauen Schale einer ungehobelt wirkenden Person können sich Klugheit, Einfühlungsvermögen, Mitgefühl und viele andere Tugenden verbergen. Dennoch meinen wir: Ohne Manieren geht es nicht und reden deshalb hier einer Erziehung zu gutem Benehmen das Wort.

Ausdrücklich distanzieren möchten wir uns jedoch von jenen, die sich in Streitschriften und auf Podien für übertriebene Disziplinierung und Strenge in der Erziehung einsetzen. Vielmehr stehen wir für einen anleitenden, zugewandten und demokratischen Erziehungsstil ein.

Im ersten Teil unseres Ratgebers erklären wir zunächst, warum es so ausgesprochen wichtig ist, dass wir uns alle miteinander auf ein Repertoire höflicher Umgangsformen einigen. Dazu holen wir ein wenig aus, streifen die Geschichte und erzählen an Beispielen, was Bevölkerungszunahme, Demokratie, Friedfertigkeit und Hygiene mit gutem Benehmen zu tun haben.

Im zweiten Kapitel bemühen wir uns um eine Erklärung, warum Benimm-Erziehung zwischenzeitlich unter die Räder geraten ist.

Kapitel drei beantwortet die entscheidende Frage, was Eltern tun können. Hier geht es um das Wie der Erziehung zur Höflichkeit.

Im Hauptteil dieses Buches schließlich erfahren Sie Thema für Thema, welche Umgangsformen Kinder heute lernen sollten und warum. Das beginnt bei Begrüßung und Abschied, behandelt das Verhalten am Telefon, bei Tisch, auf dem Fußballplatz, gegenüber Fremden und vieles mehr.

Am Ende schließlich geben wir Ihnen einen kleinen Vorgeschmack auf die Zeit der Pubertät.

Kapitel 1
Vom Sinn und Zweck der Umgangsformen

Zur Zeit der Ritter, das ist bekannt, ging es reichlich deftig zu. Die Leute spuckten unter den Tisch, wischten sich die Nase am Ärmel ab und schliefen in ihren Straßenkleidern. Vom Waschen oder gar Baden hielten sie nicht viel, und die Notdurft in aller Öffentlichkeit zu verrichten, war für sie ganz normal. Von Schamgefühl und gutem Benehmen also keine Spur? Nicht ganz. Auch im Mittelalter und davor gab es schon Regeln, an die Menschen sich hielten, wenn sie miteinander umgingen. Man soll beim Essen nicht schmatzen und schnauben, heißt es etwa in einem „Benimm-Buch" aus dem 12. Jahrhundert. Und wer sich schnäuzt oder hustet, so der frühe „Knigge", der sollte sich umdrehen, damit der Auswurf nicht auf dem Tisch, sondern auf dem Boden landet – immerhin.

Damals wie heute dienten Manieren dazu, menschliches Miteinander zu regeln. Zwischen damals und heute allerdings gibt es gravierende Unterschiede. Jedoch haben sich Umgangsformen nicht nur gewandelt oder sind verschwunden und durch neue ersetzt worden. Auf lange Sicht und über die Jahrhunderte gesehen ist der Benimmkanon vielmehr stetig umfangreicher und – man könnte sagen – differenzierter geworden. Wie es dazu kam und was genau gutes Benehmen bezweckt, versuchen wir hier zu klären.

Wir rücken immer mehr zusammen

„Benehmen ist Glücksache", sagt ein altes Sprichwort, aber hier irrt der Volksmund ausnahmsweise. Eine Verständigung über die Spielregeln des Zusammenlebens fliegt den Menschen nicht einfach so zu. Glück ist unberechenbar, aber ob jemand Manieren hat und welche, das hat mit Fakten zu tun. Welche Manieren angebracht sind und welche nicht, ist ebenfalls kein Zufall, sondern hängt von den jeweiligen

Umständen ab, und übrigens nicht zuletzt von der Bevölkerungsdichte.

Es wird enger

Die drangvolle Enge, die durch das stetige Anwachsen der Bevölkerung entstanden ist, führt heute zu einer früher undenkbaren Zahl von Begegnungen. Ständig könnte man jemanden anstoßen, am Fahrkartenschalter muss man warten, auf der Rolltreppe hintereinander stehen, weil überall Menschen sind. Das Gedränge schränkt unsere Handlungsmöglichkeiten ein und zwingt uns dazu, immer mehr Rücksicht aufeinander zu nehmen und uns im Umgang an Regeln zu halten, behauptete der Soziologe Norbert Elias (1897-1990). Die historische Entwicklung, so Elias, läuft zwangsläufig darauf hinaus, dass wir unsere spontanen Bedürfnisse immer mehr zurücknehmen und kontrollieren zu Gunsten eines reibungslosen Ablaufs unserer zahlreichen Begegnungen (Elias, Bd. 2, S. 434 ff.).

Warum muss das so sein? Zeigt sich nicht oft genug, dass man mit Rücksichtslosigkeit besser durchkommt und größere Erfolge zu verbuchen hat? Warum sollten wir nicht, wie seinerzeit unsere Vorfahren, mit erhobener Keule durch die Gegend laufen und sie immer dann einsetzen, wenn uns das Gedränge zu groß wird? Keine gute Idee, würde Norbert Elias vermutlich sagen, und zwar deshalb, weil wir uns mit dem Recht des Stärkeren langfristig selber schaden. Denn erstens könnte ja unsere eigene geschätzte Person auch einmal diejenige sein, die einen Keulenhieb einstecken muss. Und zweitens könnte just der nervende Mitreisende, dem ich am liebsten über den Mund fahren möchte, der Spezialist meiner Telefongesellschaft sein, oder der Lehrer meiner Kinder... Na ja, auf einen kommt es doch nicht an, werden Sie jetzt vielleicht denken, der ist doch ersetzbar. Einer ja, gewiss, aber nicht viele der Spezialisten, auf die wir tagtäglich angewiesen sind. Ein gewichtiger Grund, sich im Allgemeinen gut zu benehmen, ist tatsächlich der, dass wir alle uns gegenseitig brauchen.

Wir werden abhängiger voneinander

Vor langer Zeit versorgten sich die Menschen weitgehend selbst. Sie schlachteten ihr Vieh und verarbeiteten es zu Schinken und leckerer Bratwurst. Sie hielten Ziegen oder Kühe, aus deren Milch sie Sahne, Käse und Butter gewannen. Sie säten ihr eigenes Getreide aus, backten ihr eigenes Brot und verarbeiteten ihren selbst gezogenen Kohl zu Sauerkraut als Vorrat für den Winter. Auch für ihre Kleidung sorgten sie in Eigenregie, indem sie Flachs anbauten, versponnen und webten. Kurz gesagt: Diese früheren Selbstversorger konnten auf die Hilfe fremder Fachleute verzichten. Natürlich hatten die Menschen damals auch viel geringere Ansprüche als wir heute. Sie kannten keine Waschmaschine, keinen Toaster, kein Navigationssystem fürs Auto und einen Friseur brauchten sie auch nicht.

Schon immer gab es jedoch Menschen, die nicht genügend Mittel besaßen, um sich selbst zu versorgen. Je mehr die Bevölkerung wuchs, desto größer wurde das Heer derjenigen, die sich nur durch den Einsatz ihrer Arbeitskraft lebensnotwendige Güter beschaffen konnten. Zunächst tauschten sie ihre Arbeit gegen Waren – Unterkunft, Essen, Kleidung – später gegen Geld ein. Allmählich begannen sie, sich auf bestimmte Tätigkeiten zu spezialisieren und solche Waren oder Dienstleistungen anzubieten, für die sich ein Markt auftat. So entstand das Handwerk, das sich im europäischen Mittelalter bereits stark differenzierte. Vom Brot bis zum Schmuck konnte man beinahe alles auf den Märkten erwerben. Das große Warenangebot kurbelte logischerweise den Handel an, und der Wunsch nach Handel wiederum erforderte Verbesserungen im Transportgewerbe. Straßen wurden ausgebaut, ebenso Häfen, damit größere Schiffe anlegen konnten. Diese Maßnahmen beförderten wiederum den Handel. Jetzt konnte man Wollstoffe aus Schottland, Weine aus der französischen Bourgogne und Schwerter aus Damaskus beziehen.

Es entstanden neue, spezialisiertere Berufe. Die Bourgogner zum Beispiel entschlossen sich, nachdem sie feststellten, dass sich ihr Wein in alle Welt verkaufen ließ, ausschließlich nur noch Rotwein zu produzieren. Das war gegen Ende des 17. Jahrhunderts (Elias, Bd. 2, S. 34). Was die Bourgogner nicht bedachten war, dass sie dadurch ihre Unabhängigkeit vollständig verloren. Ob und wie sie ihre Grundbedürfnisse befriedigen konnten, hing von nun an davon ab, dass die Weizenernte in der Picardie üppig ausfiel, keine Tierseuche die normannischen Kühe hinwegraffte, die Transportfahrer nicht streikten und von vielem anderem mehr. Sie waren jetzt mit unzähligen, ihnen völlig unbekannten Menschen auf Gedeih und Verderb verflochten.

Es braucht nicht allzu viel Fantasie, um sich den „Prozess der Zivilisation", wie Norbert Elias die Entwicklung zu immer mehr Verflechtung und gegenseitiger Abhängigkeit nennt, bis heute auszumalen. Aller Rückschläge durch Naturkatastrophen, Epidemien und Kriege zum Trotz hat er sich konsequent fortgesetzt. Das wird uns am Beispiel der Bratwurst deutlich. Die alten Selbstversorger stellten diese Delikatesse selbst her, aber heutzutage geht das ganz anders: Damit aus einem norddeutschen Hausschwein in Folie eingeschweißte Bratwürste werden, müssen viele Spezialisten mitwirken. Dazu gehört ein ganzer Stab von Wissenschaftlern und Technikern, die für moderne klimatisierte Mastställe, Fahrzeuge zum Tiertransport, hygienische Bedingungen im Schlachthof und dergleichen sorgen. Hinzu kommen Landwirtschaftsexperten, Spediteure, Schlachter, wieder Spediteure und schließlich das Personal im Supermarkt. Fazit: Noch nie in der mitteleuropäischen Geschichte waren wir wirtschaftlich so eng miteinander verflochten und von unzähligen Spezialisten abhängig wie heute.

Warum Ritter den Helm hoben, Herren den Hut lüften und Jungs die Kappe abnehmen

Im Mittelalter, so der Soziologe Norbert Elias, ging es mit der Zähmung des wilden Keulenschwingers richtig los. Die Ritter, die am Hof ihres Lehnsherrn zusammenhockten und sich im Kriegshandwerk übten, mussten lernen, sich zumindest den hochgestellten Damen gegenüber zu benehmen. Durch den Vortrag lehrreicher Gedichte brachte man den Herren Anstandsregeln näher, etwa die, der Dame im Gespräch nicht zu sehr zu Leibe zu rücken, sie nicht anzugrapschen und sich schon gar nicht auf ihr Kleid zu setzen (Elias, Bd. 2, S. 121). Fünfhundert Jahre später waren aus der aristokratischen Etikette extrem formalisierte Umgangsformen geworden, zumindest an den Fürstenhöfen. Im Versailles Ludwigs des Vierzehnten war jede Begegnung und jede Handlung durch das Hofzeremoniell geregelt. Damit zwang der König den Adel, seine Konkurrenzkämpfe untereinander und mit dem Herrscher durch Verhandlung, allenfalls durch Intrigen, aber nicht mehr durch den blutigen Einsatz von Waffen auszutragen. Mit anderen Worten: Er zwang sie zur Friedfertigkeit.

Das, was wir heute Globalisierung nennen, könnte man als den von Elias beschriebenen Prozess fortschreitender Verflechtung aller Lebensbereiche rund um den Globus sehen. Sie zwingt uns, auf lange Sicht gesehen, die Keule unten zu lassen, im Kleinen wie im Großen. Natürlich verlangen Bedürfnisse immer wieder nach spontaner Befriedigung, natürlich bricht sich Gewalt immer wieder Bahn, im Leben der Einzelnen wie in internationalen Beziehungen. Dennoch kann man festhalten, dass die Menschheit langfristig betrachtet lernfähig ist. Nicht zufällig ist nach dem ersten Weltkrieg der Völkerbund, heute die UNO, entstanden. Nicht ohne Grund wird seit über fünfzig Jahren an einem vereinigten Europa gearbeitet. Beide Verbünde, wie viele nachfolgende internationale Vereinigungen, Gipfeltreffen und Konferenzen, haben nur einen Zweck: Den Umgang der Völker miteinander in geregelte, friedliche Bahnen zu lenken. Nichts anderes als die Zähmung des Keulenschwingers bezwecken auch nationale Gesetze – und die Regeln des guten Benehmens.

Um des lieben Friedens willen

Ein einzelner Diebstahl, Raubüberfall oder Mord bringt noch keine Gesellschaft ins Wanken. Würden sie aber zum Massenphänomen und würden sie privat geahndet, dann käme unser modernes, komplexes System erheblich ins Straucheln. Damit das nicht passiert, gibt es Gesetze, die die Ausübung von Gewalt verbieten, Polizisten, die Gewalttäter aufspüren und Gerichte, die sie bestrafen. Und da, wo der Staat nicht einschreitet, weil die Verstöße weniger schwerwiegend sind, greifen die Regeln des guten Benehmens. Wenn wir den Blick über die Jahrhunderte schweifen lassen, können wir dabei folgende Entwicklung feststellen: Der Staat, der die Allgemeinheit vertritt, wird immer sensibler. So war im Mittelalter nur der Mord an einem Adligen ein wirklich schweres Verbrechen, der an einer Frau oder einem tiefer stehenden Mann galt hingegen als weniger gewichtig. Überhaupt griff man schnell zur Waffe und trug Rivalitäten durch blutige Kämpfe aus. Vergewaltigung oder das Prügeln der eigenen Ehefrau galt – heute unvorstellbar – damals und noch lange danach vielleicht als unschicklich. Ernsthafte Konsequenzen musste aber deswegen kaum ein Mann befürchten. Das Verprügeln von Kindern schließlich gehörte noch vor nicht allzu langer Zeit zu den üblichen und anerkannten Erziehungsmethoden.

So betrachtet greift der Staat mehr und mehr in den Bereich des Benehmens ein. Der Anstand reguliert die kleinen Formen von Gewalt und hält sie im Zaum, zum Beispiel bei der Begegnung von Menschen. Gleich, ob Fremde zum ersten Mal aufeinander treffen, ob sich Bekannte nach langer Zeit wieder begegnen oder Nachbarn zum ersten Mal am Tag – überall auf der Welt gibt es für diesen Moment Rituale. Ihre Form ist nicht zufällig und eine wichtige Aussage ist ihnen allen gemeinsam: Ich trete dir in friedlicher Absicht gegenüber. Warum die Hände dabei eine große Rolle spielen, erklären Anthropologen so: Wenn wir die Hand zum Gruß heben oder sie jemand zum Schütteln reichen, dann zeigen wir immer die Innenfläche. So demonstrieren Menschen seit jeher, dass sie unbewaffnet, also friedlich gestimmt sind. Ein Grund, warum es bis heute als unschicklich gilt, die Hände bei der Begrüßung in der Hosentasche zu versenken oder hinter dem Rücken zu halten.

Weniger offensichtlich ist die Sache mit dem Hut und der Kappe, aber ebenfalls erklärbar. Dazu kommen wir noch einmal auf die Ritter zurück. Trafen zwei dieser Herrn in voller Rüstung aufeinander und war ihnen gerade nicht nach Kämpfen zu Mute, dann klappten sie ihr Visier hoch oder hoben den Helm vom Kopf. Auf diese Weise signalisierten sie: „Ich will nicht mit dir kämpfen und mache mich deshalb angreifbar." Mit der gleichen Absicht legte der Ritter natürlich auch seinen Helm ab, wenn er Damen, Familienmitgliedern oder Freunden gegenübertrat. Dieses Ritual hat sich, obgleich das Rittertum längst ausgestorben ist, bis heute erhalten. Manche ältere Herren lupfen immer noch den

Hut zum Gruß, wenn sie Bekannten auf der Straße begegnen. Betritt ein Herr mit Hut eine Kirche oder einen privaten Raum, so erwartet man ausdrücklich, dass er die Kopfbedeckung abnimmt. Das gilt auch dann noch, wenn aus dem Hut eine unscheinbare Stoffkappe mit Krempe geworden ist.

Auch manche Tischmanieren, behauptet der Soziologe Norbert Elias, sind letzten Endes Ausdruck friedlicher Absichten. Im Mittelalter, als die Waffe recht locker saß, hantierte man ungeniert bei Tisch mit dem Messer herum, zumal es neben dem Löffel das einzig verfügbare Besteck war. Im Laufe der Jahrhunderte entstanden allerlei Tabus rund um den Messergebrauch beim Essen. Fisch isst man nicht mit dem Messer, Kartoffeln und Klöße darf man damit nicht schneiden, Eier nicht köpfen, man führt es nicht zum Mund und wenn man jemandem ein Schneidewerkzeug reicht, dann bitte mit dem Griff voran. Zwar gibt es für manche dieser Vorschriften kaum nachvollziehbare Erklärungen, und die eine oder andere Regel ist auch wieder verschwunden, ihr allgemeiner Sinn ist jedoch klar: Nur ja keine Missverständnisse aufkommen lassen, durch die sich die Tischnachbarn bedroht fühlen könnten. Das Ding könnte ja gefährlich werden. Aus dem gleichen Grund gehören übrigens beide Hände auf den Tisch. Damit alle sehen, dass man unbewaffnet ist.

Respekt

Wer andere von seiner friedlichen Gesinnung überzeugen will, dem steht ein sicheres Mittel zur Verfügung, dies zu erreichen, nämlich Respekt zu erweisen. Eine Person, der Respekt gezollt wird, fühlt sich beachtet, angenommen und gewürdigt. Die Benimmvorschriften rund um dieses Thema spielen deshalb für den reibungslosen Ablauf im Zwischenmenschlichen eine entscheidende Rolle. Besonders klar zeigen das die Momente der Begegnung und Trennung. Egal ob „Hallo" und „Tschüs", „Guten Morgen" oder „Gute Nacht", Begrüßungs- und Abschiedsfloskeln drücken den Willen zum Kontakt und damit die Würdigung des Gegenübers aus. Jede Form von Höflichkeit ist immer auch ein Ausdruck von Respekt. Macht man Entgegenkommenden auf dem Bürgersteig Platz, hält man jemandem eine Tür auf, hilft in den Mantel... – stets wird damit gezeigt, dass man andere wahrnimmt und achtet.

Im Gegensatz zu früher spielt die gesellschaftliche Hierarchie bei dieser Art von Ehrerbietung nur noch eine geringe Rolle. Diener, Knicks und Handkuss sind als Unterwerfungsgesten heute verpönt. Während im 18. Jahrhundert, als Könige absolute Herrscher waren, Respekt fast ausschließlich von unten nach oben zu zeigen war, steht er heute, da praktisch alle von allen abhängig sind, jedermann zu. Respekt ist, wie vieles andere auch, quasi demokratisiert. Wird er verweigert, fühlt sich ein Mensch missachtet, nicht gewürdigt, dann weckt das Aggressionen. Respekt, so kann man sagen, ist das Öl im Getriebe der Gesellschaft.

Rücksicht auf die Gefühle der Mitmenschen

Kommen wir noch einmal auf unsere Ritter und deren Tischmanieren zurück. Mit einem Stück Brot oder den Fingern bedienten sich alle aus gemeinsamen Schüsseln. Dabei wurde geschlabbert, gesabbert und geschmatzt, was das Zeug hielt. Auch sonst scheint es bei einer mittelalterlichen Mahlzeit geräuschvoll zugegangen zu sein. Wer einen Überdruck im Bauch verspürte, der ließ die Luft nach jeder Richtung ungeniert entweichen. Schleimigen Auswurf, gleich ob aus Nase oder Lunge, konnte man ohne Umschweife überall hin befördern, ebenso übrigens Knochen und andere Essensreste.

Zweihundert Jahre später hat sich die eine oder andere Benimmregel bei Tisch anscheinend durchgesetzt und neue sind hinzugekommen: Wasche dir die Hände vor dem Essen; lange nicht als Erster in die Schüssel. Biete keinem anderen an, was du angebissen hast; stopfe dich nicht übermäßig voll, sei bei Tisch leise, friedlich und höflich – mit solchen Forderungen wartet zum Beispiel ein französisches Buch über die „Contenance" bei Tisch auf. Das Buch wendet sich bereits an Kinder, wenn auch zunächst nur an adlige Jungen. Das gilt auch für Erasmus von Rotterdams „Über die Erziehung der Knaben", weitere hundert Jahre später erschienen. Dieses Buch war ein echter Bestseller und wurde bis ins 18. Jahrhundert immer wieder neu aufgelegt, weil es so „modern" war. „Die fettigen Finger abzulecken oder am Rock abzuwischen, ist unzivilisiert. Man nimmt dazu besser Tischtuch oder Serviette", heißt es zum Beispiel darin (nach Elias, Bd. 1, S. 117 f). Es wird deutlich, dass sich die Essmanieren zu diesem Zeitpunkt bereits erheblich verfeinert haben. Gabel, Serviette und Tischtuch sind schon in Gebrauch. Begründet wird die Erziehung zu gutem Benehmen mit Rücksichtnahme auf die Gefühle der Mitmenschen. Deren Nasen, Ohren und Augen sollten von Eindrücken verschont bleiben, die ihnen unangenehm sein könnten, nicht nur beim Essen. Die Menschen werden empfindlicher oder, um es mit Norbert Elias auszudrücken, ihre „Peinlichkeitsschwelle rückt vor" (Elias, Bd. 1, S. 154).

Ein Bazillus und die Folgen

Entscheidenden Schwung erhielt die Tendenz zur Verfeinerung der Manieren gegen Ende des 18. Jahrhunderts durch die Entdeckung der Hygiene. Noch um das Jahr 1800 wurden in Deutschland menschliche Fäkalien einfach – auf die Straße gekippt. Stadtbewohner verrichteten ihre Notdurft in Eimer oder ähnliche Gefäße und entsorgten sie unmittelbar vor der Haustür. Auf dem Land suchte man den Misthaufen auf, da kam ja ohnehin alles zusammen. Nicht nur in Köln, sondern in praktisch jeder deutschen Stadt wuchs die Bevölkerung im 19. Jahrhundert rasant. Ihre Ausscheidungen schütteten die Menschen nach wie vor auf die Straße, wo jeder damit in Berührung kam. Das konnte nicht ohne Folgen bleiben. Regelmäßig wurden die großen Städte jetzt von verheerenden Cholera-Epidemien und anderen Seuchen heimgesucht, die Tausende Todesopfer forderten.

Aber nur allmählich kam man dahinter, dass zwischen dem Umgang mit der Notdurft und dem Ausbruch der Seuchen ein Zusammenhang bestand. Im Jahre 1866 erst entschloss sich zum Beispiel die Stadt Göttingen zum Handeln und führte ein kommunales Abfuhrsystem ein. Jeder Haushalt bekam einen genormten Kübel, in dem die Fäkalien zu sammeln und im festen Rhythmus vor die Tür zu stellen waren. Städtische Fuhrwerke leerten sie dann, ähnlich wie es heute die Müllabfuhr tut (Lönecke/Sieker, S. 35 ff). Von diesem Entsorgungssystem bis zur flächendeckenden Einführung von Kanalisation und Wasserklosetts war es jedoch noch ein weiter Weg.

Aber es erschien mit einem Mal, seitdem man ahnte, dass zwischen Sauberkeit und Gesundheit ein Zusammenhang besteht, eine Fülle an Hygienebüchern. Meist waren sie von Ärzten verfasst, die die Bevölkerung mit neuen Verhaltensregeln konfrontierten. Weder man selbst noch andere sollten mit der eigenen Ausscheidung in Berührung kommen, weshalb sie in der Abgeschiedenheit eines Klosetts zu verrichten sei. Entleerung wurde jetzt zur privatesten Sache der Welt. Nach dem Stuhlgang wären die Hände zu waschen. Überhaupt die Reinlichkeit! Täglich Gesicht und Hände waschen, einmal in der Woche den ganzen Körper baden, auf saubere Kleidung achten, nachts andere Wäsche tragen als am Tag, regelmäßig die Zähne putzen – so und ähnlich lauteten die Ratschläge, damit Krankheiten vermieden würden. Während für uns diese Verrichtungen zum normalen Alltag gehören und längst zum Bedürfnis geworden sind, waren sie damals offenbar alles andere als selbstverständlich.

Einen zusätzlichen Schub erhielt der Verhaltenskodex rund um die Hygiene, als es Robert Koch gelang, einen Bazillus als Erreger der Tuberkulose zu enttarnen und nachzuweisen, dass die Krankheit durch Kontakt mit dem Auswurf bereits infizierter Personen weitergereicht wird. Das geschah im Jahre 1882 und mit der unbekümmerten Schnäuzerei war es nun vorbei. Statt dessen begann der Siegeszug des Taschentuchs. War es zuvor als feines Stofftüchlein eher in den Händen besser gestellter Damen anzutreffen, so gehörte es jetzt in seiner derberen Version in jede Hand- und Hosentasche. 1929 schließlich machten die Vereinigten Papierwerke aus Herodsberg mit der Erfindung des Tempo das Taschentuch zu einem unentbehrlichen Gebrauchsgegenstand. Heute ist uns die Etikette rund um diese zivilisatorischen Errungenschaft in Fleisch und Blut übergegangen.

Abgrenzung oder: Warum ein König sein Taschentuch am Bein trägt

Auf einem Bild des flämischen Barockmalers Anthonis van Dyck (1599-1641) sieht man den englischen König Karl I. als stolzen Jäger neben seinem Pferd stehen. Im Stiefelschaft des vorgestellten rechten Beines trägt seine Majestät deutlich sichtbar – ein Taschentuch. Dieses kleine Stückchen Stoff war zur Zeit König Karls noch Mangelware. Nur in den allerhöchsten Kreisen hatte sein Gebrauch sich inzwischen durchgesetzt. Weil es also etwas Besonderes war, bot sich das Taschentuch als Statussymbol an. Indem es der englische König im Stiefelschaft trug, zeigte er der ganzen Welt: Ich gehöre zu den Auserwählten. Erst als das Taschentuch in allen Gesellschaftskreisen gebräuchlich, also quasi demokratisiert war, gab es die damalige Oberschicht als Statussymbol auf. Was alle haben, eignet sich nicht mehr zur Abgrenzung. Denn auch das spielt bei Benimm und Etikette ein Rolle: Bestimmte Gruppen von Menschen wollen durch äußere Zeichen klar machen, dass sie sich von anderen unterscheiden, auch wenn das ihnen nicht unbedingt bewusst ist. Früher ging das vor allem von oben nach unten.

Heute hat der Adel seine Trendsetter-Rolle verloren. Sein Einfluss auf angesagtes Verhalten steht allenfalls in einer Reihe mit dem von TV-, Kino-, Sport- und Musikstars. Was ein Spitzenfußballer in seiner Freizeit trägt, wie geschliffen oder locker es in erfolgreichen Kinofilmen zugeht, wie sich Sängerinnen auf Pop-Videos bewegen, wie viel Durcheinander-Geschrei eine TV-Moderatorin in ihrer Talkshow zulässt (oder provoziert), das setzt heute Benimm-Trends. Aber nicht jeden für alle, denn Abgrenzung ist heute genau so wichtig wie damals. Jeder Mensch braucht das Gefühl, zu einer überschaubaren Gruppe zu gehören, in der er sich mit seiner eigenen Identität wiederfindet. Wer jung ist, benimmt sich wie die Jungen, wer alt ist wie die Alten. Politisch Konservative pflegen andere Werte und andere Umgangsformen als Grüne oder Linke. Musiker unterscheiden sich von Frisören, Motorradfahrer von Golfspielern, Liebhaber klassischer Musik von Hip-Hop-Fans. Das ist sehr grob gesprochen, denn ein Hip-Hopper kann natürlich gleichzeitig konservativer Motorradfahrer sein. Wahrscheinlich wird er sich jeweils an die Umgangsformen der Gruppe anpassen, in der er sich gerade befindet.

Besonders dringlich ist der Wunsch nach Zugehörigkeit zu einer Gruppe und nach Abgrenzung von anderen bei größeren Kindern und bei Jugendlichen. Auf der Suche nach ihrer eigenen Identität orientieren sie sich gerne an Vorbildern.

Julia zum Beispiel war mit elf Jahren eine begeisterte Reiterin und ihr Idol war die Heldin einer TV-Serie. Sie ahmte deren Zopf-Frisur nach, bewegte sich burschikos in ihrer Reitkluft und grüßte ihre gleich gesinnten Freundinnen locker mit „Na, wie geht's". Mit vierzehn gehörte sie einer Clique an, in der die Mädchen sich nach dem Körper betonenden Stil einer Pop-Ikone schminkten und kleideten. Auf dem Schulhof fielen sie sich morgens mit schrillem „Hi, gut siehst du heute aus!" um den Hals. Inzwischen ist Julia achtzehn und hat sich längst wieder neu orientiert. Schminke benutzt sie praktisch gar nicht mehr, ihre Kleidung ist eher sportlich und schlicht und ihre Freundinnen begrüßt sie mit einem ganz gewöhnlichen „Guten Morgen". Benehmen oder Etikette also ist kein Gesetz, das immer und überall gültig ist. Das, was man tut und was man besser lässt, kann je nach Zeit und Ort gehörig variieren. Der soziale Zusammenhang, in dem ein Mensch sich bewegt, spielt bei der Ausformung der Spielregeln eine entscheidende Rolle.

Scham und Peinlichkeit

Allen Unterschieden zum Trotz lässt sich jedoch sagen: Dass sich die Menschen auf Grundregeln einigen, hat einen unschätzbaren Vorteil. Es macht jeden einzelnen für jeden anderen berechenbar. Was wäre, wenn ich nicht sicher sein könnte, dass mein Gast manierlich auf dem Stuhl Platz nimmt, das angebotene Besteck sachgemäß benutzt und beim Toilettengang die Tür hinter sich schließt? Oder was, wenn meine Nachbarin Tag und Nacht dröhnende Rockmusik hört und mir als Antwort auf meine Bitte um Ruhe einen Eimer Wasser über den Kopf gießt? Zum Glück passiert derlei selten und das liegt daran, dass die meisten Menschen die Basisregeln des guten Benehmens verinnerlicht haben.

Hier greifen wir noch einmal auf die Gedanken von Norbert Elias zurück. Das unaufhaltsam fortschreitende Zusammenrücken der Erdbewohner, so seine These, macht genau das notwendig: dass wir die unentbehrlichen Umgangsregeln verinnerlichen. Musste der Franzosenkönig Ludwig XIV. seinen Militärs noch mit drastischen Strafen drohen, damit sie ihre ständige Duelliererei sein ließen, kommt heute niemand mehr auf die Idee, Streiterei auf diese Art auszutragen. Der Fremdzwang (durch den König) ist zum Selbstzwang geworden. Soll heißen, wer sich über jemand anderen ärgert, reißt sich in der Regel so zusammen, dass es nicht zu tätlichen Auseinandersetzungen kommt. Das Gebot „Du sollst Konflikte nicht mit Gewalt austragen" haben die meisten Erwachsenen so verinnerlicht, dass Brutalität ihren Abscheu erregt. Und sollte ihnen einmal doch die Hand ausrutschen, dann schämen sie sich hinterher. Die Peinlichkeitsgrenze hat sich im Laufe der Jahrhunderte verschoben, meint Norbert Elias. Wir Heutigen schämen uns für viel mehr als unsere Vorfahren.

Besonders auffällig ist das im Bereich der Körperpflege. Noch vor 200 Jahren gab es kaum einen Haushalt mit Badezimmer oder separater Toilette und das lag nicht nur am Platzmangel. Waschen, kämmen, ausscheiden, wenn das andere mitbekamen – halb so schlimm. Heute haben wir die Standards der Hygiene verinnerlicht und ihre Einhaltung ist uns zum Bedürfnis geworden. Wir kommen nicht mehr auf die Idee, sie in Frage zu stellen, ebenso wenig wie viele andere Prinzipien des guten Benehmens: Wir lassen den Aussteigenden am Bahnsteig den Vortritt, wir antworten in normalem Ton, wenn wir etwas gefragt werden und wir betätigen uns nicht sexuell in der Öffentlichkeit, sprich, wir reißen uns zusammen und im Allgemeinen fällt uns das nicht einmal schwer. Die Etikette ist uns sozusagen zur Gesinnung geworden, zur Gewissenssache. Allerdings ist uns dieser Zustand keineswegs in die Wiege gelegt worden und in den Genen ist er auch nicht verankert. Kinder sind nämlich, wenn sie geboren werden, bezüglich Manieren eher archaisch zu nennen. Sie orientieren sich zunächst nur an ihren spontanen Bedürfnissen und deren schneller Befriedigung. Dass sie dabei womöglich die Grenzen anderer verletzen und sich deshalb zurücknehmen müssen, das muss ihnen erst mal jemand beibringen. Mit anderen Worten: Kinder kommen nicht mit perfekten Manieren zur Welt, wir müssen sie erziehen.

Kapitel 2
Was in den letzten fünfzig Jahren geschah

Wenn wir den Argumenten des ersten Kapitels folgen, ergibt sich die logische Schlussfolgerung: Noch nie waren die Manieren so perfekt wie heute. Tatsächlich scheint das Gegenteil wahr zu sein. Haben wir nicht eingangs festgestellt, dass wir zum Teil mit recht rauen Sitten konfrontiert sind und insbesondere Kinder und Jugendliche sich oft beklagenswert daneben benehmen? Kommt es uns nicht gerade so vor, als sei früher in der Beziehung alles besser gewesen („Das hätten wir uns nie herausgenommen!")? Nicht ohne Grund zieht ein Heer von „Experten" und „Expertinnen" landauf, landab und ruft per Buch oder Talkshow den Erziehungsnotstand aus. In aufgeregten öffentlichen Debatten geht es um Werteverfall, mangelnde Disziplin, Egoismus, Leistungsverweigerung, Konfliktunfähigkeit, Aufmerksamkeitsdefizitsyndrome und was der Mängel mehr sind.

Vielfältig sind die Ursachen, welche die Debattierer ins Visier nehmen: Unmäßiger Konsum wird da genannt, ein Mangel an Religiosität, der Verfall der Familien, die Übermacht der elektronischen Medien, ja sogar die vermeintliche Beschleunigung der Zeit. So unterschiedlich die Ausgangspunkte der vorgebrachten Argumente auch sein mögen, zwei Hauptverantwortliche für Deutschlands Erziehungsmisere werden immer wieder genannt: die Mütter und die 68er. Dass es gegen die Mütter geht, braucht nicht sonderlich zu verwundern, sind sie doch seit jeher Hauptakteurinnen im Erziehungsgeschäft. Was aber hat es mit dem Einfluss der so genannten 68er auf sich? Um das zu klären, müssen wir ein paar Jahrzehnte zurückdenken.

Gegen autoritäre Zwänge

Unter dem Begriff 68er werden heute undifferenziert alle diejenigen zusammengefasst, die sich in den Jahren 1967 bis

1969 aktiv an einer großen internationalen Protestbewegung beteiligten. Generell gesehen handelte es sich um eine Art Aufstand der Jungen gegen die Alten, je nach Land hatte er aber unterschiedliche Themen und nahm verschiedene Verläufe. Aus heutiger Sicht ist es kein Zufall, dass die Revolte damals in solchen Ländern stattfand, die am Zweiten Weltkrieg beteiligt gewesen waren. Unabhängig davon, auf welcher Seite sie am Krieg teilgenommen hatten, waren diese Länder zwei Jahrzehnte lang in eine Art Schockstarre gefallen. Besonders betroffen war die Bevölkerung in Deutschland, die nicht nur mit den grausamen Gewaltexzessen des Krieges fertig werden, sondern sich zugleich die Schuldfrage stellen musste. Schwer traumatisiert hielt sie quasi den Atem an. In Westdeutschland stürzte man sich eifrig ins Wirtschaftswunder, gab sich so wohlanständig und sauber wie möglich und versuchte auf diese Weise, das Geschehene vergessen zu machen.

Unter der Oberfläche aber existierte das alte autoritäre Gedankengut weiter, vor allem in der privaten und öffentlichen Erziehung. Einer der meist gelesenen Erziehungsratgeber jener Zeit hieß „Die Mutter und ihr erstes Kind" von Johanna Haarer. Die Autorin hatte es 1934 unter dem Titel „Die deutsche Mutter und ihr erstes Kind" herausgebracht und vertrat darin eine Pädagogik, die auf rigorose Unterwerfung und Disziplin hinauslief. „Dazu gehört, sich das Baby nach seiner Geburt möglichst vom Leib zu halten, d.h. die Vermeidung zu engen (Haut-)Kontakts mit ihm, um jede aufkeimende Bindung zu verhindern, eine mechanistische, sich in rigidem Zeitrahmen bewegende Ernährung und Sauberkeitserziehung, ein geordneter Rahmen des Tagesablaufs und überhaupt eine kindlichen Bedürfnissen ... gegenüber feindselige und abweisende Haltung" (Koch, S. 105 f). Bereits 1949 brachte Haarer ihr Buch in leicht bereinigter Form und unter Streichung des Wortes

„deutsche" im Titel wieder auf den Markt, mit großem Erfolg.

Jene jungen Leute, die Ende der sechziger Jahre in Deutschland auf die Barrikaden gingen, waren unmittelbar nach Kriegsende geboren und mit solchen pädagogischen Prinzipien groß geworden. Bald richtete sich ihr Widerstand nicht nur gegen das Verschweigen der NS-Zeit, sondern gegen jegliche autoritären Strukturen, vor allem aber diejenigen, die in der Erziehung und im Bildungswesen herrschten. So erscheint es nur konsequent, dass ein Teil der Protestler sich mit der Frage beschäftigte, ob zwischen autoritärer Erziehung und dem Erfolg des Nationalsozialismus ein Zusammenhang besteht. Aus ihren Überlegungen ging die Idee von der antiautoritären Erziehung hervor. Dass sie derart weitreichende Folgen haben würde, kann man ihren Erfindern allerdings kaum vorwerfen. Ob ein Gedanke auf fruchtbaren Boden fällt, hängt nämlich von vielen Faktoren ab. Für die antiautoritäre Erziehung war die Zeit ganz offensichtlich reif und das muss nicht einmal verwundern, schien sie doch einer demokratischen Gesellschaft bei weitem angemessener zu sein als der alte Kommiss-Stil.

Dabei hatten ihre Initiatoren alles andere als das so genannte Laisser-faire (Gewähren-Lassen) im Sinn, im Gegenteil. Der Philosoph und Psychologe Claus Koch zitiert aus einem Bericht der Berliner Kommune 2 von 1969: „Die Überempfindlichkeit der Kinder für jede Art von Repression führt nahezu selbstverständlich zur Verdammung von Gewalt und Strafen auch in der Kindererziehung. Das bedeutet aber nicht automatisch die Abschaffung von überflüssigem Zwang oder Angst in der Sozialisation. Im Gegenteil. Das chaotische Laisser-faire ... führt zu einer völligen Beziehungslosigkeit und Orientierungslosigkeit der Kinder, die sich dann umso stärker in psychischem Zwang auswirken (vgl. die Selbstständigkeitsideologie, die die Kinder dauernd überfordert). ... Denn antiautoritär heißt nicht, die Kinder völlig sich selbst zu überlassen, sondern verhindern, dass die Autoritätshörigkeit in der Charakterstruktur verankert wird." (Koch, S. 119 f). Dieses Zitat macht deutlich, dass es nicht um die Auflösung aller Strukturen, um Respektlosigkeit oder gar Vernachlässigung ging, sondern um die Erziehung zum mündigen, demokratiefähigen Erwachsenen. Von heute aus betrachtet, hat dieses Erziehungsverständnis nach und nach alle gesellschaftlichen Kreise durchdrungen und letztlich mit daran gewirkt, dass das Recht auf gewaltfreie Erziehung in Deutschland gesetzlich festgeschrieben wurde.

Bewegung und Gegenbewegung

Insofern schrieben die 68er mit ihrer Idee eine Erfolgsgeschichte, aber es gab Missverständnisse. Ein Grund dafür war der, dass viele Eltern, verunsichert durch die Auflösung der alten Prinzipien und mit den neuen nicht vertraut, dazu neigten und neigen, ihren Kindern die Führung zu überlassen. Um nur ja keinen Fehler zu begehen und etwa das Kind in seiner Persönlichkeit zu brechen, erwarten sie Entscheidungen von ihm, mit denen es überfordert ist. Das Resultat bei den Kindern: Sie werden orientierungslos, übermäßig anspruchsvoll und haben Schwierigkeiten, sich in die Gemeinschaft einzufügen. Ähnlich irritierend wirkt es, wenn Mütter und Väter aus Unsicherheit, überbesorgt um das Wohl ihres Lieblings, ihm alles abnehmen. Derartige Überbetreuung (und Unterforderung) führt ebenfalls dazu, dass ein Kind sich schwer tut, sich innerhalb bestimmter Grenzen zu bewegen und aus eigener Kraft ein Ziel anzustreben.

Weitere Faktoren haben in den letzten Jahrzehnten dazu geführt, dass die Erziehung zu den Tugenden des guten Benehmens in den Hintergrund geriet: Da ist die Verführung der Konsumgesellschaft. Durch nie da gewesene Kampagnen werden wir zum Kauf und Gebrauch unzähliger Gegenstände überredet. Da mag die Versuchung nahe liegen, Kinder in den gemeinsamen Konsum einzubinden und sie, statt sich ernsthaft mit ihnen auseinander zu setzen, durch den Reiz von Materiellem zu manipulieren („Wenn du lieb bist, bekommst du ein Eis").

Ähnlich verführerisch wirken die neuen Medien, weil sich Fernsehen und Computer aufdringlich als Betreuer anbiedern (siehe das Angebot an Kinderprogrammen im TV und für Spielkonsolen). Erschwerend kommt hier hinzu, dass es für Mütter und Väter einen Kraftakt bedeutet, mit der rasanten Entwicklung elektronischer Medien Schritt zu halten, sie jeweils einzuordnen und darauf angemessen erzieherisch zu reagieren. Nicht jede Familie hat einen IT-Fachmenschen in der Verwandtschaft...

Und noch etwas macht die Sache schwer. Die Welt ist in den letzten fünfzig Jahren zwar kleiner, gleichzeitig aber weniger überschaubar geworden. Traditionelle Berufe und Strukturen verschwinden, während in nahezu allen Bereichen Mobilität gefordert wird. Das zwingt immer mehr Familien dazu, ihren Standort zu wechseln, wobei die berufliche Zukunft ungewiss bleibt. Die große Frage, die sich alle Eltern stellen, ist deshalb schwerer zu beantworten denn je: Womit müssen wir unser Kind ausrüsten, damit es auf dem Arbeitsmarkt bestehen und somit letztlich sein Überleben sichern kann? Denn eine gute Zukunft wünscht sich jede Mutter und jeder Vater fürs Kind.

Scheinbar im Widerspruch dazu steht die vielfach beklagte Gleichgültigkeit von Eltern, die sich in Nicht-Erziehung ausdrückt. „Die Eltern machen es sich zu leicht", hört man vom Fachpersonal aus Kitas und Schulen. „Sie setzen ihre Kinder einfach vor den Fernseher oder den Computer, anstatt sich mit ihnen zu beschäftigen." An diesem Befund mag sicher etwas dran sein und wir wollen Fachleuten nicht zuwider reden. Allen jungen Eltern sei indes versichert: Auch in der Vor-68er-Zeit gab es Methoden, sich das Leben leicht zu machen.

Bitten Sie doch einmal Ihre Eltern oder ältere Verwandte, Ihnen ehrlich zu berichten, wie viel Zeit deren Mütter und Väter tatsächlich mit Ihnen bei Spiel und Gespräch verbrachten. Auch damals kamen Väter müde von der Arbeit und wollten lieber ihre Ruhe haben. Kinderzimmer mit eigenem Fernseher, in die man den Nachwuchs hätte abschieben können, waren zwar noch nicht vorhanden, statt dessen wurde die Ruhe nicht selten durch Prügel hergestellt. Auch wenn Probleme im Kindergarten oder in der Schule auftauchten, galten Schläge als gängiges Erziehungsmittel. Statt aufwändiger Gespräche mit dem Kind und langwieriger Lösungssuche mit der Lehrerin gab es ein paar hinter die Löffel, Stubenarrest oder andere drastische Strafen. Erziehung oder Nicht-Erziehung? Auf jeden Fall kein Beweis für großes erzieherisches Engagement, oder? Wenn deshalb heute die gute alte Zeit mit ihren intakten Familien, ihren klaren Werten und eindeutigen Hierarchien in Bestsellern herbeigesehnt wird, dann sollten wir äußerst skeptisch sein.

Es ist nicht alles verloren

Es ist nicht alles verloren. Im Gegenteil. Über wie viele Dinge brauchen wir überhaupt nicht mehr zu reden, weil wir Erwachsenen sie längst verinnerlicht haben und sie ohne großes Brimborium ganz selbstverständlich an unsere Kinder weiter geben? Körperhygiene zum Beispiel ist kein besonderes Erziehungsthema mehr, weil sie im Großen und Ganzen funktioniert. Oder nehmen wir die Sexualität. Menschen aus anderen Kulturkreisen haben nicht selten den Eindruck, in Europa fielen alle ständig nach Belieben übereinander her, weil sexualisierte Bilder die Medien beherrschen. Wir wissen, dass das nicht der Fall ist. Obwohl der Sex medial allgegenwärtig ist, gibt es nicht mehr Fälle von Missbrauch oder Vergewaltigung als anderswo, auch nicht unter Jugendlichen. Offenbar haben sie ihre Triebe im Allgemeinen ganz gut im Griff und wissen, was sich auf diesem Gebiet gehört.

Schließlich die viel diskutierte Gewalt unter Kindern und Jugendlichen. Noch nie waren Mitteleuropäer diesem Thema gegenüber so sensibel wie heute. Mobbing gab es auch früher schon, es hieß nur nicht so. Außenseiter wurden damals wie heute gerne gehänselt und ausgegrenzt, und Prügeleien unter Jungen waren keine Seltenheit. Heute geschehen die gleichen Dinge, aber plötzlich stehen sie im Fokus. Mütter werden in der Schule vorstellig, wenn sich ihr Kind über Pöbeleien beschwert, Anti-Mobbing-Kampagnen werden gestartet und Prügeleien zur Anzeige gebracht.

Das ist auch gut so. Aber betrachten wir die Sache einmal aus einem anderen Blickwinkel. Vielleicht lässt sich die jetzige Diskussion mit der großen Hygienekampagne des 19. Jahrhunderts vergleichen und vielleicht hat sie langfristig den gleichen Erfolg. Gewalt in jeder Form wird zu einem ähnlich starken Tabu wie der Stuhlgang, und Gewaltlosigkeit ist in ein paar Generationen so selbstverständlich wie das Zähneputzen. Einen Grund zur Panikmache gibt es jedenfalls nicht.

Womit wir keineswegs sagen wollen, dass sich schon irgendwie alles von alleine regelt. Ohne Erziehung – und deren Mühen – geht es nämlich trotzdem nicht. Und wir Eltern müssen uns darüber im Klaren sein, was Erziehung zu gutem Benehmen bedeutet. Sie beinhaltet, dass wir von unseren Kindern verlangen, sich in vielen Lebenslagen mit ihren unmittelbaren Bedürfnissen zurückzunehmen und auf deren Befriedigung zu verzichten oder sie zumindest aufzuschieben. Sie müssen lernen, die Grenzen ihrer eigenen Handlungsmöglichkeiten zu akzeptieren und Frustrationen hinzunehmen. Wir Erwachsenen kommen nicht darum herum, ihnen die nötige Anleitung zu geben mit dem Ziel, dass sie die Regeln des Anstands nach und nach erlernen und selbst die Verantwortung dafür übernehmen, sie einzuhalten. Die große Frage nach den Werten beantworten wir dabei gleich mit, denn nichts anderes tun wir, wenn wir unseren Kindern Manieren beibringen – wir vermitteln ihnen Werte. Friedfertigkeit, Rücksichtnahme, Respekt, darum geht es, und um noch mehr. Es geht darum, dass sie sozialverträglich werden, dass wir sie in die Lage versetzen, sich vertrauensvoll und sicher in der Gesellschaft zu bewegen.

Kapitel 3
Was Eltern tun können

Die meisten Leute können zahlreiche Beispiele von rüpelhaftem und rücksichtslosem Verhalten aufzählen. Meist ist in den Erzählungen von Erwachsenen die Rede. Und auf die Frage, warum Kinder sich manchmal so schlecht benehmen, heißt es ganz selbstverständlich: „Ist doch klar, die Erwachsenen machen es doch vor." Einige Beispiele aus dem Alltagsleben: großzügiges Einnehmen von zwei Parkbuchten auf dem Parkplatz des Supermarktes, Hecken solange nicht schneiden, bis der Fußgängerweg zugewachsen ist, kurz vor Mitternacht, wenn die Nachbarn schon schlafen, noch schnell die Biotonne klappernd auf die Straße rollen oder umgehend das persönliche Gespräch unterbrechen, wenn das Handy klingelt, mit dem Essen anfangen, bevor alle am Tisch sitzen.

Das Problem wäre schon gelöst, wenn sich doch nur alle Erwachsenen, auch die, die nicht täglich oder nicht mehr mit Kindern zu tun haben, auf gewisse Konstanten im Umgang miteinander und in der Erziehung von Kindern einigen könnten. Diese wären: Respekt, Geduld, Liebe und die Bereitschaft, sich selbst und das eigene Verhalten zu hinterfragen.

Was also können Eltern tun, um ihre Kinder zu rücksichtsvollen, sozial kompetenten und umgänglichen Menschen zu erziehen? Werfen wir einen Blick auf die Grundlagen, auf der die je eigene (Benimm-)Erziehung beruht.

So oder so? Die Familiensitten

Frau Hansen hat es als Kind gehasst, wenn sie laut gefragt wurde, ob sie denn auch schon die „Tante Sowienoch" begrüßt hätte. Wenn bei Herrn Hansens Familie Verwandtschaft zu Besuch war, wurden die Neuhinzugekommen grundsätzlich nicht begrüßt. Schließlich kannte man sich ja sowieso. Als Frau Hansen das als junge Frau das erste Mal miterlebte, war sie hellauf empört. Ihr Mann hingegen meinte: „So sind sie eben."

Frau Hansen liebte aber auch die Tischgeschichten, die ihre Mutter Gertrud, Jahrgang 1930, erzählte. Diese wuchs in einem Arzthaushalt mit vier Kindern auf. Dort gab es immer mindestens ein (Dienst-)„Mädchen". Die „Mädchen" hatten neben allerlei häuslichen Verrichtungen auch die Aufgabe, mit den kleinen Kindern in der Küche zu essen – und zwar solange, bis die groß genug waren, um an den Mahlzeiten der Erwachsenen teilzunehmen. Groß genug war, wer bei Tisch den Mund halten, ohne zu kleckern essen und das Tischgebet sprechen konnte. Die Mahlzeiten wurden am mit schöner Leinentafelwäsche gedeckten Tisch im Speisezimmer eingenommen. Die damals genutzten Servietten überdauerten den Zweiten Weltkrieg und tun Gertrud immer noch gute Dienste.

Als Gertrud in den 50er Jahren eine eigene Familie gründete, gab es keine „Mädchen" mehr und die Kinder saßen schon im Hochstuhl mit am Tisch. Allerdings sollten auch sie während des Essens möglichst ruhig sein, denn Lehrer-Ehemann Otto hatte einen anstrengenden Morgen in der Schule hinter sich und sollte nicht von dauernd plappernden Kindern gestört werden. Selbstverständlich begannen und endeten Mahlzeiten mit einem Tischgebet, am Sonntag wurde im Esszimmer gegessen und Stoffservietten wurden auch unter der Woche benutzt. Die Kinder aßen nicht immer manierlich, denn Frau Hansen klingt der für heutige Ohren reichlich anmaßende Spruch von Mutter Gertrud noch in den Ohren, der lautete: „Sitz nicht da wie ein Fuhrmann." Will heißen, das Kind aß mit aufgestütztem Ellenbogen.

In Frau Hansens Familie geht es heute bei Tisch meist sehr lebhaft zu, immer wieder muss sie zum Beispiel daran erinnern, dass mit Messer und Gabel gegessen wird und

Kraftausdrücke verboten sind. Stoffservietten gibt es übrigens auch, der Tisch wird zu jeder Mahlzeit nett gedeckt. Kinderbesuch staunt meist nicht schlecht, weil ein Tischgebet gesprochen wird, und die hübsche, extra für den Gast bereitgelegte Papierserviette liegt in neunzig Prozent der Fälle nach dem Essen noch völlig jungfräulich neben dem Teller. Frau Hansens Tochter Karla, die bereits mit fünf Jahren leidenschaftlich gern andere Familien besuchte, wusste übrigens schon früh, warum: „Andere Leute kleckern eben nicht."

Die Stoffserviette erweist sich in dieser Familie als eine etwas ulkige Konstante und ist ein hübsches Beispiel dafür, dass sich Benimm einerseits tradiert und sich andererseits verändert. Frau Hansen hat die Regeln und Gewohnheiten in ihre eigene Familie mitgenommen und manche frühere Benimmregel versenkt. Manche Regeln sind – wie in dieser Familie – mit Recht verschwunden oder machen in der heutigen Gesellschaft einfach keinen Sinn mehr. Gleich mit verschwunden sind aber oft auch die Benimmregeln, die ein freundliches und respektvolles Miteinander garantieren.

Welche Regeln also sind für die eigene kleine Familie notwendig? Denn Kinder lernen zuerst in der Familie. Das Umfeld, und da in erster Linie der Kindergarten oder die Schule, kann nur ergänzend wirken. In jeder Familie ist anderes gefragt. Während die einen gerne besonders gepflegt essen, legen die anderen Wert auf eine bestimmte Ordnung oder haben spezielle Vorstellungen, wenn es um Kleidung geht. Das sind natürlich auch Äußerlichkeiten – und entsprechend viel/wenig Bedeutung kommt ihnen zu. Da kann man sagen: Jedem das Seine. Gerne. Dennoch darf man auf der Einhaltung von Umgangsformen bestehen, die man für besonders notwendig hält.

Was aber, wenn Papa es so und Mama es so haben möchte? Das durchsetzen, was einem besonders am Herzen liegt und ansonsten liebevoll schweigen oder beide Verhaltensweisen zulassen? Das wäre doch ein Kompromiss. Was halten Sie von dieser Situation? Herr Resch kann es nun mal nicht leiden, wenn die Kinder zum Samstagsfrühstück im Schlafanzug erscheinen, seiner Frau Anke ist das Wurst, aber sie sorgt mit dafür, dass sich die Kinder anziehen. Sie selbst findet vom Schlaf strubbeliges Haar ganz schrecklich und möchte solche Frisuren nicht am Frühstückstisch sehen (ihre Mutter bestand übrigens auch immer auf dem Kämmen, was sie als Jugendliche sehr spießig fand). Nicht so Herr Resch. Der streichelt Tochter Mia erst mal liebevoll über den Kopf und sagt: „Ach, lass die Zottelmaus doch ein Brötchen essen!" Ist es ein Wunder, dass Frau Resch richtig sauer wird? Nebenbei: Kindern schadet es jedenfalls nicht, wenn sie schon früh auf ein gepflegtes Äußeres achten – spätestens im Berufsleben wird das von ihnen erwartet.

Noch ein Beispiel: Wenn Frau Maller unter der Woche ihrem Max beibringt, dass Teller abschlecken eklig ist, darf Herr Maller das dann selbst am Wochenende machen? Auch wenn er seine Aktion augenzwinkernd mit einem Kompliment begleitet und zu seiner Frau sagt: „Du bist eben die beste Suppenköchin der Welt."

Aber mal ehrlich: Meist stehen Benimm-Fragen nicht gerade im Mittelpunkt, wenn sich das erste Kind ankündigt, und oft ergeben sich mit den unterschiedlichen Entwicklungsschritten andere, scheinbar schwerwiegendere Minenfelder der Erziehung. Jedes Elternteil bringt eigene Benimmregeln mit in die Familie, so wie vielleicht das Bettzeug oder das Kaffeegeschirr. Da wird auch erst einmal zusammengeworfen und nicht als erstes aussortiert. Wer mag denn entscheiden, was geht und was nicht? Andererseits brauchen Kinder (auch in diesen Fragen) klare Ansagen, keine Vielleichts oder ein Heute-so-und-morgen-so. Ein kleiner Familienknigge wäre also doch nicht schlecht. Schon deswegen, weil selbst Erwachsene sich nicht immer richtig benehmen und manchmal jemanden brauchen, der sie korrigiert. Dabei geht es gar nicht mal so sehr um die großen Dinge, es sind ja mehr die Kleinigkeiten, die zur Benimm-Falle werden. „Ihr sollt nicht aus der Flasche trinken," das hören die 6-jährigen Zwillinge Judith und Sara beinahe jeden Tag. Ist ja auch unhygienisch. Welch ein Triumph, Mutter Mara dann selbst dabei zu erwischen.

Wer sich hinterfragen lässt, ist immer ein angenehmerer Zeitgenosse. Besonders wichtig ist dies bei Themen wie Hilfsbereitschaft, Streitkultur oder Toleranz. Hier sind Standpunkte und Erziehungsziele gefragt, die möglichst konsequent verfolgt werden. Denn Erziehung zu gutem Benehmen ist auch Erziehung zu wertorientiertem Handeln.

Wie stehen wir zu unserem Kind?

Es gab schon immer und gibt viele Eltern, die ihren Kindern das angedeihen lassen, was die Familientherapeutin und Geschäftsführerin des Kinderschutzbundes, Paula Honkanen-Schoberth, die „anleitende Erziehung" nennt. Gestützt auf ihre Erfahrungen in der Beratungstätigkeit, entwickelte sie das Erziehungsprogramm „Starke Kinder brauchen starke Eltern". Grundmotiv dieses Programms ist eine Erziehung, die Halt bietet, das Kind in seiner Persönlichkeit wertschätzt, es liebt und mit Respekt annimmt. Eine Erziehung, die auf solchen Grundlagen beruht – das ist wissenschaftlich erwiesen – ist erfolgreicher als autoritäres Drillen oder nachlässiges Laisser-faire.

Was heißt das konkret – zum Beispiel bezogen auf Respekt? Der kleine Mirko wird beim Spielen von seinem Vater immer wieder als „Blödmann", „Idiot", und „Dummkopf" beschimpft. Dies ist eine typische Szene: Die beiden spielen zusammen und der Vierjährige zählt voller Stolz bis zwölf. Dafür erntet der Junge statt eines Lobes eine Beschimpfung. Er soll nämlich nur bis zehn zählen, weil sich das so fürs Spiel gehört. Worte sind eben verräterisch und Erwachsene sollten sich hüten, ihre vermeintliche Allmacht auf diese Weise auszuspielen und das Kind zu demütigen. Übrigens ist Respekt vor dem Kind auch international, also über viele Kulturgrenzen hinweg, ein anerkannter Wert im Zusammenleben mit Kindern. Das belegt die UN-Kinderrechtskonvention von 1990. So steht beispielsweise in Artikel 12: „Die Vertragsstaaten sichern dem Kind, das fähig ist, sich eine eigene Meinung zu bilden, das Recht zu, diese Meinung in allen das Kind berührenden Angelegenheiten frei zu äußern, und berücksichtigen die Meinung des Kindes angemessen und entsprechend seinem Alter und seiner Reife."

Liebe ist Nähe, Verständnis, Präsenz und Geduld. Zur Nähe gehören Wärme und Zärtlichkeit (Kuscheln geht auch noch mit widerspenstigen Grundschulkindern und selbst mit muffeligen Teenies. Sie werden es Ihnen zeigen!). Verständnis heißt, sich für das zu interessieren, was die Kinder beschäftigt. Präsenz setzt den Willen voraus, sich genügend Zeit für das Familienleben zu nehmen, gemeinsame Rituale zu haben und zwar nicht nur am Wochenende. Wenn das alles im allgemeinen Alltagschaos einmal zu kurz kommen sollte, dann helfen Geduld und Dankbarkeit. Schließlich ist der Nachwuchs ein Schatz – manchmal wohl ein etwas anstrengender. Geduld dürfen die Erwachsenen auch mit sich selbst haben. Denn selbst die bemühtesten Eltern machen Fehler – und zwar reichlich. Verlässliche Elternliebe wirkt dann wie ein guter Stoßdämpfer im Auto. Die Erschütterung ist nicht ganz so schlimm.

Kurz: Ein Kind, das sich angenommen weiß und respektvoll behandelt wird, kann Selbstwert entwickeln, Verantwortung für andere übernehmen und sich, wenn nötig, einmal hintansetzen. Diese sichere Bindung an Menschen, die es lieben und denen es vertrauen kann, macht das Kind widerstandsfähiger und hilft ihm, Anforderungen, die das Leben stellt, mit Selbstvertrauen zu meistern.

**Wie der Abt, so die Mönche:
Auf das Vorbild kommt es an**

Im Supermarkt: Eine junge Mutter steht mit Einkaufswagen, in dem sich der Wocheneinkauf türmt, an der Kasse. Sie legt ihre Sachen aufs Band. Im Sitz turnt ein lebhaftes Kleinkind, das sie immer wieder daran hindern muss, aus dem Wagen zu klettern. Das alles dauert einem Zeitgenossen, der nur zwei Liter Milch kaufen will, zu lange. Er drängelt sich an den beiden vorbei. Zustimmung heischend hebt er seine Milchflaschen hoch und fragt: „Ich darf doch vor?" Die Frau nickt, genervt murmelnd. Der Mann bezahlt. Eine sehr vertraute Situation. Und eine von vielen, wo ein Erwachsener auch ein gutes Vorbild für hilfsbereites Verhalten hätte zeigen können. Das hätte dann so geklungen: „Ich habe nur zwei Flaschen Milch. Darf ich vor? Ich helfe Ihnen aber vorher, die Sachen aufs Band zu legen."

Denn Kinder brauchen Vorbilder. Sie brauchen allerdings nicht: Popsternchen wie Britney Spears oder Justin Timberlake. Sie brauchen auch nicht unbedingt Mutter Teresa oder Papst Johannes Paul II. (obwohl diese beiden Persönlichkeiten ganz sicherlich in ihrem Leben Vorbildhaftes geleistet haben). Sie brauchen die Menschen in ihrer Umgebung, die auch durch die Beiläufigkeit ihres Handelns im Alltag auf sie (ein)wirken. Für Eltern ist das eine besondere Herausforderung. Verschiedene Untersuchungen und populäre Medienumfragen wie die der Zeitschrift STERN aus dem Jahr 2002 oder die ZDF-Sendung „Die größten Deutschen" belegen die Vorbildwirkung von Eltern. Nach der Umfrage des STERN ist für immerhin 35 Prozent der Deutschen die Mutter das größte Vorbild. Eine Forsa-Erhebung von 2003 bestätigt das. Hier ist für 3000 Befragte, die unter 200 möglichen Vorbildern wählen konnten, Mutter Teresa die Nummer Eins und die eigene Mutter die Nummer Zwei. Väter können sich jetzt allerdings nicht verkrümeln. Natürlich sind sie wichtig für ihre Kinder! Die Zeitschrift „Eltern for familiy" fragte 8- bis 19-Jährige: „Gibt es Leute, vor denen du wirklich Respekt hast?" Siebzig Prozent der Kinder nannten ihre Eltern und zur Begründung sagen sie: „Sie haben mich in die Welt gesetzt, sie lieben mich, erziehen mich, sorgen und arbeiten für mich, sie trösten mich, sie sind Vorbilder." Bingo!

Die anderen Erwachsenen können sich nun leider nicht zurücklehnen. Es ist nicht egal, ob sie bei Rot über die Straße gehen, mit dem Finger in der Nase popeln oder weghören, wenn jemand in der Öffentlichkeit rüde beschimpft wird. Mit 35 Prozent der Nennungen nehmen Lehrer und Lehrerinnen für die Befragten eine wichtige Vorbildfunktion ein, denn sie „helfen den Kindern und bringen ihnen viel bei." Mit 15 Prozent stehen die alten Menschen und die eigenen Großeltern auf dem dritten Platz und zwar wegen – der Erfahrung.

Kinder wissen ja leider nur zu gut, warum sie zwei Ohren haben. Damit die vielen gut gemeinten Worte den rechten Ausgang finden – das ist ein alter Scherz. Erst recht, wenn aus den anfangs liebevoll gesprochenen Bitten genervtes Geschrei wird. Der unvermeidliche Stoßseufzer „Ich hab's im Guten und im Bösen probiert, nichts hat was genutzt" ist so alt wie frustrierend. Keine gute Erziehungsstrategie also. Unter Erzieherinnen kursiert ein Spruch, der angelehnt an den Humoristen Karl Valentin (Largo, S. 221) ungefähr so lautet: „Liebe Eltern, strengen Sie sich mit der Erziehung Ihrer Kinder nicht so an; sie machen Ihnen sowieso alles nach." Sehr wahr, nicht wahr?

Frau Nadler neigt zum Unordentlichsein. Als Freiberuflerin arbeitet sie zuhause, auf ihrem Schreibtisch herrscht häufig Chaos. Für Außenstehende ist es ein Wunder, wie sie so ihr beträchtliches Arbeitspensum schafft. Ihre Kinder sehen jeden Tag, wie sie es mit dem Aufräumen hält. Sie darf sich wirklich nicht wundern, dass die Schreibtische der Kinder nicht anders aussehen als ihrer und ihre Aufforderungen zum Aufräumen meist verpuffen. Befriedigung verschafft ihr aber die Beobachtung, dass zumindest ihre elfjährige Tochter Anne eine Angewohnheit übernommen hat, die ihr hilft, das Leben zu ordnen. Genau wie sie schreibt Anne To-do-Listen, die nach Erledigung der Aufgabe abgehakt werden und legt bei Bedarf Zettel mit Nachrichten auf den festen Sitzplatz der Familienmitglieder am Küchentisch.

Der dänische Familientherapeut Jesper Juul sagt dazu: „Woran sich Erwachsene immer wieder erinnern sollten, ist, dass Kinder nicht von dem klüger werden, was du ihnen sagst. Du kannst sie belehren, so viel du willst..., überzeugen kannst du sie nur durch dein Handeln..." (Juul, 2005, S. 132). Das klingt ja nun irgendwie nach Binsenweisheit, aber auch die muss man sich ab und zu ins Gedächtnis rufen.

Kleinere Kinder machen gerne nach. Für sie ist anziehend, was andere können und sie (noch) nicht beherrschen. Sie sind absolut bereit zur Nachahmung. Stolz sagen sie: „Ich habe das genauso gemacht wie du" und stellen sich damit auf die gleiche Stufe wie ihr bewundertes Vorbild. Deshalb putzen Zweijährige leidenschaftlich gerne, toben verzweifelt, wenn sie noch nicht den Rasen mähen dürfen und wollen alles „selber machen". Sie müssen noch lernen und nichts tun sie lieber.

Nehmen wir noch die sich durch die gesamte Kinder- und Jugendzeit hindurch ziehende Angewohnheit von Kindern, sich gegenseitig mit üblen Sprüchen zu belegen. Davon nehmen sie als Vorschulkinder auch Erwachsene nicht aus. Frau

Leimen erinnert sich heute mit Schmunzeln daran, wie ihr damals vierjähriger Philipp mit dem schon erwähnten Mirko, den wirklich sehr zurückhaltenden Nachbarn bis in seinen eigenen Garten verfolgte. Beide skandierten rhythmisch: „Arschloch, Arschloch". Welche Lust und welche Spannung! Was würde der Nachbar nun tun? Damals wäre Frau Leimen am liebsten im Boden versunken. Natürlich hat sie sich beim Nachbarn entschuldigt und auch mit den Kindern ein ernsthaftes Gespräch über „schlimme Wörter" geführt. Das hinderte aber ihren Philipp auch in Zukunft nicht daran, immer wieder mit Genuss genau diese „Wörter" auszuprobieren (und feixend abzuwarten, wie die Reaktion darauf wäre). Frau Leimen weiß heute erstens, dass ihr inzwischen 18-jähriger Philipp niemanden mehr so betituliert – (Stichworte Geduld und Konsequenz, wovon noch die Rede sein wird) und zweitens hat dieser Sohn vor gar nicht so langer Zeit, als die Rede auf Beschimpfungen im Allgemeinen und Besonderen kam, zu ihr nur gesagt: „Mama, du müsstest dich mal hören, wenn du dich beim Autofahren aufregst." Aha.

Die moderne entwicklungspsychologische Forschung bestätigt, dass zwischenmenschliches Verhalten durch gemeinsames Erleben in der Familie und mit anderen engen Bezugspersonen erlernt wird. Der Schweizer Kinderarzt Remo Largo ist davon überzeugt, dass wir mit unserem Vorbild bestimmen, welche sozialen Regeln und Wertvorstellungen sich das Kind aneignet. Durch erzieherischen Druck werden Kinder weder anständig noch ehrlich. Es sind die positiven, zwischenmenschlichen Erfahrungen, die die Kinder prägen (Largo, S. 18 und 342). Eine besondere Rolle spielen deshalb Eltern, ältere Geschwister oder andere Bezugspersonen. Kinder nutzen sie wie ein Geländer, das Halt gibt und die Richtung vorgibt.

Jasper Juul vergleicht die Führungsrolle der Eltern mit einem blinkenden Leuchtturm und: „Kinder kommen zwar mit sehr viel Weisheit, aber sehr wenig Erfahrung auf die Welt, so dass sie der Führung der Erwachsenen bedürfen. Kinder, denen diese Führung nicht zuteil wird, sind sehr unglücklich und sie bleiben es, auch wenn sie älter werden." (Juul, 2005, S. 28 f.)

Was aber bedeutet Führung? Sicherlich nicht Drill. Diener und Knicks, in den 60er Jahren durchaus noch gefragt, sind längst out. Gerne reagieren aber manche Eltern noch auf Auflehnungsversuche mit Sprüchen, die auch damals gang und gäbe waren. Zum Beispiel: „Dann machst du es eben, auch wenn du keine Lust hast." Oder harmlose Willensbekundungen wie „Ich will aber jetzt einen Lutscher" werden zwar im Ton humorvoll, in der Sache aber unnachgiebig mit „Einen Willi gibt es hier nicht" beantwortet. Also lieber etwas nachsichtig sein und Kindern nicht zuviel abverlangen? „Den Dreck mach ich lieber selber weg, dann geht's schneller" oder „Das Kind muss doch lernen, sich zu wehren". So wird den Kindern verwehrt, aus den Folgen ihres Verhaltens zu lernen und eigene Lösungsstrategien für Probleme zu entwickeln. Sie wissen zwar, dass es nicht in Ordnung ist, mit vor Schmutz starrenden Schuhen durchs Wohnzimmer zu laufen, aber wenn Papa selbst den Staubsauger holt und den Dreck wegmacht, kann das kaum so schlimm sein. Das Kind bleibt verwirrt zurück, weil es keine eindeutigen Botschaften hört. Wer als Kind erlebt, dass seine Gefühle und seine Wünsche nicht zählen und außerdem zum kleinen Haudrauf erzogen wird, lernt zwar früh seine Ellbogen einzusetzen, aber nicht, sich in andere hineinzuversetzen und ein Problem auch einmal aus der Perspektive des Gegenübers zu betrachten. Keine schönen Aussichten für später.

Eltern jedoch, die auf Augenhöhe mit ihren Kindern durchs Leben gehen, tragen sicher dazu bei, dass diese sich nicht zu Jugendlichen und Erwachsenen entwickeln, die nach dem Motto handeln: „Jeder denkt an sich, nur ich denk an mich."

Wenn – dann: von Klarheit und Konsequenz

„Ich bin doch kein Feldwebel", stöhnt Frau Obmann oft entnervt, wenn sie ihre Lieben mal wieder daran erinnern muss, dass vor dem Essen die Hände gewaschen werden müssen, die Nagelschere ins Badezimmer und nicht unter die Bettdecke gehört und der Zehnjährige abends sein Fahrrad in die Garage stellen muss, damit es nicht schon wieder geklaut wird. Nein, Familien-Feldwebel sein ist kein schöner Job. Er ist anstrengend, macht unbeliebt und geht zuweilen auf Kosten der Familienharmonie. Aber noch schlechter ist es, den Kindern immer hinterher zu putzen und zu räumen. Und diesen Job hat man schnell, wenn man lieber „Ja" oder nichts sagt, um einem Konflikt aus dem Weg zu gehen oder um Zeit zu sparen, weil es allein schneller geht.

Kinder halten Regeln gerne nicht ein. Mit Lust stellen sie ihre Eltern auf die Probe und je nachsichtiger diese sind, desto mehr Spaß macht es und bequem ist es außerdem. Manche Eltern, so hat der Familientherapeut Jan Rogge beobachtet, verzichten auf eine konsequente Erziehungshaltung, weil sie negative Konsequenzen voraussehen und diese sich und ihrem Kind ersparen wollen.

Der achtjährige Max und die neunjährige Pauline dürfen freitagabends im Wohnzimmer fernsehen, wenn die Eltern ausgehen. Allerdings ist es streng verboten, dort zu essen. Daran halten sich die beiden nur ungern. Immer wieder finden ihre Eltern schmutziges Geschirr, vergessene Bonbonpapierchen und leere Saftflaschen vor, wenn sie nach Hause kommen. Ermahnungen nützen nichts. Schließlich bestimmen die Eltern, dass es mit der gemütlichen Glotzerei vorerst ein Ende hat. Wenn sie ausgehen, dann bleibt das Wohnzimmer verschlossen. Basta. Nach ein paar Wochen handeln die beiden Kinder einen neuen Versuch aus. Und siehe da: Ihre Eltern haben keinen Grund mehr zur Klage.

Eltern können und sollen klar äußern, welche Erwartungen sie haben, welche Regeln im Familienalltag einzuhalten sind und was sie nicht akzeptieren wollen. Und sie sollten auf der Einhaltung der Regeln bestehen und Konsequenzen ziehen, wenn sich die Kinder nicht daran halten. Das nämlich ist ein wichtiges Signal für die Kinder, wie die Verhaltensbiologin Gabriele Haug-Schnabel meint. „Das Kind merkt, dass seine Persönlichkeit aufmerksam wahrgenommen wird, es in seiner Selbstständigkeit ernst genommen und unterstützt wird, es spürt die emotionale Zugewandtheit der Erwachsenen und profitiert von dieser offenen partnerschaftlichen Kommunikation."

Bei sehr kleinen Kindern und Vorschulkindern heißt das zum Beispiel: Eltern und Kinder ziehen sich im Flur immer die Straßenschuhe aus und stellen sie gemeinsam ins Regal. Vater/Mutter geben klare Anweisungen – bei älteren Kindern kann es auch schon mal eine Checkliste geben. Nachdem der neunjährige Hanno und die elfjährige Sina beim Kücheaufräumen immer wieder etwas vergaßen, entweder das Kehren oder den Tisch abzuwischen, mussten die beiden eine Liste schreiben. Unter der Überschrift „Das gehört zum Küche aufräumen" wurde alles notiert, was notwendig ist, um diesen Raum in Ordnung zu bringen.

Während Kindergartenkinder viele Regeln gemeinsam mit ihren Eltern einüben, reicht bei älteren Kindern eine freundliche, aber konsequente Kontrolle. Also: Du kannst erst zum Spielen raus, wenn du deinen Schulranzen eingeräumt hast, deine Reitstiefel geputzt oder dein Fahrrad abgeschlossen hast. Auch wenn das Schläfchen im Liegestuhl, in dem man sich gerade niedergelassen hat, noch so verlockend ist, Kinder entwischen nur allzu gerne. Das heißt, man muss sich auch davon überzeugen, dass die Regeln eingehalten wurden. Denn hier geht es um Glaubwürdigkeit, die schnell verscherzt ist. Manchmal fehlt auch einfach die Kraft zum Dagegenhalten. Dann sollte das Kind aber wenigstens ein Signal erhalten wie: Mit diesem Verhalten bin ich nicht einverstanden. Jetzt kann ich mit dir darüber nicht sprechen, aber das werde ich heute Abend/am nächsten Tag nachholen.

Wer auf Konsequenzen verzichtet, verwehrt dem Kind, selbstständig zu werden und ohne Erwachsene seinen Alltag regeln zu lernen. Was sind logische Konsequenzen, die ein Kind anerkennen kann? Sie müssen auf den Fuß folgen und durchführbar sein. Nur Kleinkinder dürfen schon mal mit dem Essen matschen, alle anderen lassen es und können eben erst dann weiteressen, wenn sie sich und den Tisch wieder gesäubert haben. Wer ständig quengelt und zankt, muss eine Weile in sein Zimmer gehen. Das wirkt besser als: „Ich koche nie wieder Spagetti" – denn mal ehrlich, Spagetti sind im Speiseplan einer Familie doch unentbehrlich. Auch eine Ankündigung wie „Ich lese dir heute Abend nicht vor, wenn du jetzt nicht ruhig bist" ist keine gute Lösung. Am Abend ist der Ärger schon längst vergessen und es wäre doch für Kind und Eltern zu schade um die entgangene Kuschelzeit! Also Vorsicht mit im ersten Ärger geäußerten Vorwürfen, die anfangen mit: „Du darfst nie wieder, ich werde auf keinen Fall..."

Eltern dürfen klar sagen, welche Regeln eingehalten werden sollen. Liebevolle Hartnäckigkeit und Konsequenz spart auf lange Sicht Kräfte zehrende Auseinandersetzungen. Denn Kinder umgehen schon deshalb gerne Regeln, weil sie willkommene Gelegenheiten sind, um sich von Erwachsenen abzugrenzen, sich zu erproben und ihre Haltung zum Leben zu finden.

Früh übt sich

Die dreijährige Karla bringt ihre Puppen mit den Gute-Nacht-Liedern „zu Bett", die sie selbst jeden Abend hört, der fünfjährige Philipp stibitzt Zement aus dem Zementsack und rührt zusammen mit Freund Mirko genau dort eine schöne Betonbrühe an, wo eigentlich ein neues Stück Rasen eingesät werden sollte. Kinder entwickeln sich aus sich selbst heraus, aus dem, was ihnen ihre Umwelt anbietet, wie der Spezialist für Frühpädagogik, Gerd E. Schäfer, Professor an der Universität Köln, meint. Dazu passen die Erkenntnisse aus den jüngsten entwicklungspsychologischen Experimenten des Leipziger Entwicklungspsychologen Liszkowski. Er konnte belegen, dass Einjährige, schon bevor sie sprechen können, zum Beispiel auf einen Gegenstand zeigen, um anderen beim Suchen zu helfen. Er ist sicher, dass sie „bereits verstehen, dass andere etwas wissen oder nicht wissen können" (Pressemitteilung Universität Jena).

Kinder kommen mit ihren eigenen Talenten und Charaktereigenschaften auf die Welt. Die Chancen, sie zu entfalten, stehen gut, wenn sie gefördert werden. Die Neurobiologie zeigt, dass ein Gehirn die Denkfähigkeiten weiter entwickelt, die gebraucht und von der Umgebung eingefordert werden. Was nicht gebraucht wird, das bildet sich zurück. So platt es klingt, so wahr ist es: Ein Kind, das schon früh erlebt, dass nur der eigene Vorteil gilt, wird kaum ein Gefühl für die Bedürfnisse anderer entwickeln.

Die Hirnforschung kennt die Lernfenster. Sie gilt es auszunutzen, wenn etwas ganz besonders gut gelernt sein will, zum Beispiel Fremdsprachen, oder naturwissenschaftliche Neugier geweckt werden soll. Vorschulkinder sind zu beidem fähig und bereit. Allerdings vollzieht sich dieses Lernen genau wie jede andere Entwicklung individuell und kann nicht auf einen bestimmten Zeitpunkt festgelegt werden. Deshalb ist die alte Volksweisheit „Früh übt sich, was ein Meister werden will" auch berechtigt, wenn es um Benimm- und Werteerziehung geht.

Was Kinder in welchem Alter über gutes Benehmen wissen können und was man von ihnen erwarten kann – dazu geben wir im nächsten Kapitel einige Tipps. Dafür ist es ganz nützlich, sich vorab klar zu machen, was Kinder in welchem Alter lernen können und womit wir sie überfordern. Ein Kleinkind versteht nicht, warum es sich die Zähne putzen soll, eine Siebenjährige hingegen schon. Wenn auch das Ergebnis geduldigen Vormachens und Erläuterns manchmal ganz unerwartete Lernergebnisse zur Folge hat. Die sechsjährige Karla hat sich nämlich ganz bewusst in der ersten Klasse nur einmal in der Woche die Zähne geputzt oder nur, wenn zufällig die Eltern daneben standen. Wer sich nicht die Zähne putzt, dem fallen sie irgendwann aus. Das wusste sie genau. Geputzte Zähne hingegen bleiben gesund, und genau das war ihr Problem: Als einziges von 22 Kindern in der Klasse hatte sie nämlich noch ein strahlend schönes und – ganz schlimm – vollständiges Milchzahngebiss.

Von einem Dreijährigen kann man nicht erwarten, dass er besonders taktvoll ist. Ganz ungeniert starrt Philipp Mamas Kollegin an und ist ohne Rücksicht auf Verluste ehrlich und gerade heraus: „Rauchen ist ungesund und außerdem stinkst du so." Und der vierjährige Paul plaudert gerne Familiengeheimnisse aus: „Meine Eltern haben jetzt ‚Schluss gemacht mit dem Kinderkriegen'" verkündet er stolz ein halbes Jahr nach der Geburt seiner Schwester.

Zwischen dem vierten und fünften Lebensjahr lernen Kinder zwischen gut und böse zu unterscheiden und wissen, was in ihrer Kultur als gut oder schlecht gilt. Sie können die entsprechenden Regeln benennen und Fehlverhalten richtig bezeichnen. Die Herausforderung für Bezugspersonen besteht nun darin, den Kindern dabei zu helfen, ihr „moralisches Selbst" zu entwickeln und ihre „moralische Motivation" zu fördern (Haug-Schnabel, S. 116/117). Das heißt, Kinder lernen jetzt, dass ihr Tun andere beeinträchtigen kann.

Vor der Einschulung haben sie in der Regel gelernt, sich auf andere einzustellen und können mit ihren Aggressionen umgehen, also abschätzen, wie viel Wehren oder auch wie viel Zurückstecken nötig ist. Im sechsten und siebten Lebensjahr entwickelt sich die Fähigkeit, anderen zuzuhören, Konflikte und Probleme zu lösen sowie Gruppenregeln zu beachten. Grundschulkinder können eigenständig Aufgaben übernehmen, sie trainieren ihre soziale Anpassungsfähigkeit, also Rücksichtnahme und Loyalität. Zehn- bis Zwölfjährige merken, wenn jemand ihre Hilfe braucht und fügen sich schon gut in fremde Haushalte ein oder unterstützen ihre Eltern und jüngeren Geschwister in der alltäglichen Familienarbeit selbstständig.

Voraussetzung dafür, dass Kinder diese Fertigkeiten entwickeln, sind Menschen, die diese nicht nur einfordern, sondern auch authentisch vorleben. Wenn Bezugspersonen einen autoritären oder nachlässigen Umgang mit Verhaltensregeln bevorzugen, haben Kinder Schwierigkeiten, sich sozial zu verhalten und in diesem Sinne „gut erzogen" zu sein.

Kinder lernen ständig und vom ersten Tag ihres Daseins an. Deshalb gibt es zwar ein „START" und ein ZIEL, aber lange kein ENDE, wenn es um die Erziehung zu gutem Benehmen geht.

Kapitel 4
Die „Basics"

Die Regeln des guten Benehmens, so haben wir bereits festgestellt, können je nach Ort und Zeit unterschiedlich sein. Das gilt nicht nur für das Mittelalter und die Neuzeit. Auch hier und heute stimmen Menschen der gleichen Nationalität, der gleichen Generation, des gleichen sozialen Status, ja sogar des gleichen Geschlechts nicht immer darin überein, was sich gehört und was nicht. Jenseits der Details allerdings gibt es ein Grundgerüst von Konventionen, auf das sich alle einigen sollten. Wir nennen sie die „Basics", weil sie so wichtig sind. Dazu gehören alte Spielregeln wie die rund um Begrüßung und Abschied oder solche, die die Körperpflege betreffen. Dazu zählen aber auch neue, wie sich durch moderne Formen der Begegnung, etwa im Internet, entstehen. Unsere „Basics" sind also jene Umgangsformen, von denen wir meinen, dass sie ein mitteleuropäischer Mensch hier und heute beherrschen sollte. Dabei beschreiben sie selbstverständlich einen Idealzustand. Er enthält das, was junge Erwachsene etwa beim Erreichen der Volljährigkeit gelernt haben sollten. Sie haben also immerhin achtzehn Jahre Zeit, um Stufe um Stufe ihr Repertoire zu erweitern.

Vom Grüßen, Begrüßen und Verabschieden

Als elementarste aller Anstandsregeln kann man wohl die Rituale rund ums Begrüßen ansehen, denn der Gruß steht am Anfang jeder gelungenen Kontaktaufnahme zwischen Menschen. Im ersten Kapitel haben wir bereits beschrieben, was der Austausch von Grüßen bewirkt: Er signalisiert Friedfertigkeit, Freundlichkeit, Entgegenkommen und Respekt, schafft also auf Anhieb eine entspannte Atmosphäre.

Hallo, Hi und Guten Morgen

Dass der erste Eindruck zählt, wissen schon ganz kleine Kinder, denn ehe sie sprechen können, entwaffnen sie ihre Umgebung bereits mit ihrem freundlichen Lächeln. Haben sie dann das passende Wort dazu entdeckt, probieren sie seine Wirkung mit Begeisterung aus. Eifrig begrüßen Zweijährige Bekannte wie Fremde mit einem fröhlichen „Hallo" und nehmen sie damit sofort für sich ein. Dass „Hallo" oder „Hi" die eher vertrauliche Formel für Familie, Freunde und gute Bekannte ist, wird ihnen erst später klar. Heutzutage muss man übrigens nicht mehr darauf bestehen, dass Kinder immer den Anfang machen, doch das Grundsätzliche muss ihnen selbstverständlich werden: Die Angewohnheit, Menschen zu grüßen, die man kennt.

Das beginnt in der Familie. Auch wenn „Guten Morgen" in aller Frühe nicht immer fröhlich klingen kann, sollte es doch ausgesprochen werden. Kommt ein Familienmitglied nach Hause, macht es sich am besten durch ein „Hallo" bemerkbar, denn das befördert den Zusammenhalt. Und wer am Abend eine gute Nacht wünscht, der sorgt für entspannte Einschlafstimmung. Gegrüßt werden selbstverständlich auch Freundinnen und Freunde, Mitschülerinnen und Mitschüler, die Kindergärtnerin, die Lehrerin, der Nachbar, der Friseur, wenn man seinen Laden betritt, und die Verkäuferin an der Wursttheke. Auch wildfremde Menschen, mit denen man weiter nichts zu tun hat, sollte man in manchen Situation grüßen: Mit-Fahrer im Aufzug, Mit-Leidende im Wartezimmer, Sitznachbarn im Zug oder Flugzeug sowie Wanderer, denen man auf einsamen Wegen begegnet, fühlen sich wahrgenommen und entspannt, wenn ihnen Hinzukommende einen Gruß schenken.

Bei Fremden benutzt man dazu immer noch das alt bewährte „Guten Tag" (im Bayrischen „Grüß Gott"), während es unter Bekannten lockerer zugehen kann. Jugendliche bevorzugen sowieso ihre eigene Ausdrucksweise, die auf Erwachsene bisweilen befremdlich wirkt. „Hey Alter" etwa oder „Na, Müller (Meier, Meisner oder Michelsberger)". Solange junge Leute dergleichen aber nur untereinander anwenden, gibt es keinen Grund zur Beanstandung. Solche „coolen" Sprüche haben nämlich einen Zweck. Sie drücken aus, dass man anders ist als andere und dass man zusammengehört. Den gleichen Sinn haben auch weitere Begrüßungsrituale Jugendlicher. Nur wer, zum Beispiel, rechts und links geküsst, geknufft oder abgeklatscht wird, gehört zur Clique.

Begrüßen

Im Unterschied zum Gruß, der Wahrnehmung signalisiert, steht die eigentliche Begrüßung am Anfang weiterer Kontakte. Kunde und Verkäufer begrüßen sich, ehe sie zum Geschäftlichen kommen. Desgleichen Arzt und Patient, Freundinnen, Arbeitskollegen, Gast und Gastgeberin und so weiter. Zur Begrüßung gehört unbedingt der Blickkontakt, denn er zeigt: Ich konzentriere mich auf mein Gegenüber und bin offen für das, was wir miteinander zu schaffen haben. Blickkontakt aufzunehmen fällt Kindern nicht immer leicht, teils aus Schüchternheit, teils aber auch wegen des Größenunterschieds, sofern sie mit Erwachsenen zu tun haben. Die Benimm-Expertin Franziska von Au empfiehlt deshalb letzteren, sich auf die Augenhöhe der Kinder hinunter zu bücken.

Ebenfalls nicht ganz einfach ist die Sache mit dem Händeschütteln. Wann gibt man die Hand und wann nicht? In manchen Büros werden morgens konsequent alle Hände durchgerüttelt, in anderen verzichtet man ganz darauf. Auch scheint es innerhalb der Republik ein Handschüttel-Gefälle von Süden nach Norden zu geben. Die einzig sichere Regel: Gäste und Gastgeber begrüßen sich per Händedruck, wenn sie sich nicht allzu nahe stehen. Kinder richten sich in dieser Sache am besten nach den Erwachsenen, denn nach wie vor gilt die Regel: Erwachsene reichen zuerst die Hand. Wem eine Hand dargeboten wird, der muss sie allerdings auch ergreifen, alles andere wäre ein Affront. Beim Küssen, da sind sich heute alle Fachleute einig, hört der Spaß allerdings auf. Gegen allzu heftige Tanten- und Opa-Küsse dürfen sich Kinder höflich, aber bestimmt verwahren.

Mama, das ist Paul

Doch kommen wir noch einmal auf die Situation zurück, in der zwei Menschen aufeinandertreffen, die sich nicht kennen. Dann müssen sie sich einander vorstellen oder von Dritten bekannt gemacht werden. Hier gibt es nur eine feste Regel: Die jüngere Person wird der älteren zuerst vorgestellt. Auch dafür gibt es einen Grund, meint die Fachfrau Sybil Gräfin Schönfeldt. Dem älteren Menschen wird die Ehre zugestanden, zuerst Bescheid zu wissen. Öffnen Sie also Paul, dem zwölfjährigen Klassenkameraden Ihrer Tochter die Tür und haben diesen Paul noch nie gesehen, dann dürfen Sie mit Fug und Recht erwarten, dass der Junge etwa Folgendes sagt: „Guten Tag. Ich bin Paul Becker. Ich gehe in die gleiche Klasse wie Claudia." Darauf würden Sie ebenso höflich antworten: „Hallo Paul. Ich bin die Mutter von Claudia. Komm doch herein."

Öffnete hingegen Claudia selbst die Tür, dann wäre es an ihr, die Sache zu regeln. „Mama, das ist Paul. Er geht in meine Klasse und wir wollen zusammen Mathe lernen. Paul, das ist meine Mama". Damit wäre die Situation aufs Beste geklärt, denn wenn fremde Kinder durchs Haus stolpern, deren Namen man nicht einmal kennt, fühlt man sich ziemlich unbehaglich. Geradezu brillant hat Manuel ein Zusammentreffen gemeistert. Der sechzehnjährige Freund des eigenen Sohnes ist so oft zu Besuch, dass er sich recht frei in der Wohnung bewegt. Eines Tages öffnet er deshalb sogar die Tür, um eine der Hausherrin unbekannte junge Dame einzulassen. Auf dem Weg nach oben bleibt Manuel an der Wohnzimmertür stehen, deutet auf das junge Mädchen und sagt: „Frau Jung, das ist meine Ex-Freundin Miriam. Miriam, das ist Frau Jung, die Mutter von Florian." Perfekt.

Tschüs, bis morgen!

Zu jeder Begrüßung gehört ein Abschied wie der Deckel zum Topf. Zwar ist er weniger kompliziert als der Anfang einer Begegnung, denn nun kennt man sich ja, weiß, wie man miteinander zurecht gekommen ist und was man von einander zu halten hat. Wichtig ist er aber trotzdem, denn er rundet den Kontakt nicht nur ab, sondern würdigt die andere Person noch einmal durch besondere Aufmerksamkeit. Nach einem schönen Spielnachmittag huscht Pia deshalb nicht einfach aus dem Haus, sondern verabschiedet sich von Laura, ihrer Spielgefährtin, und von deren Familie. Laura ihrerseits überlässt Pia nicht sich selbst, sondern begleitet sie zur Garderobe und zur Tür. Ein fröhliches „Tschüs, bis morgen", setzt nicht nur einen freundlichen Schlusspunkt unter einen schönen Nachmittag. Es macht auch Lust auf ein neues Zusammensein. Jedoch stehen Abschiedsworte nicht nur besten Freundinnen zu. Auch Eltern, Geschwister, Erzieherinnen, Lehrer, Verkäufer und Arzthelferinnen haben ein Recht darauf.

Dass zum Gruß wie zum Abschied übrigens stets ein freundliches Gesicht gehört, versteht sich von selbst. Andernfalls verfehlt beides seine Wirkung.

Sprechen und Zuhören

Der meiste Kontakt zwischen Menschen findet über die Sprache statt. Weil das Gespräch so überaus wichtig ist, und weil man dabei so viel falsch machen kann, hat Adolf von Knigge ihm viele Seiten gewidmet. Nicht jeder Ratschlag von 1788 ist heute noch aktuell, aber einige schon. „Rede nicht zu viel", hat der Freiherr zum Beispiel geschrieben. „Lass auch andre zu Wort kommen" (A.v. Knigge, S. 50). Ein Postulat, dem man kaum widersprechen kann, das aber vielfach missachtet wird, nicht nur von Kindern. Nora indes lernt gerade, dass ein Gespräch nicht nur aus Reden, sondern auch aus Zuhören besteht. Weil die Fünfjährige noch oft dazu neigt, ohne Rücksicht auf Verluste mit ihren Anliegen herauszuplatzen, führten ihre Eltern das Spiel mit dem „Redestein" ein. Wer den schönen, dicken Kiesel in der Hand hält, darf sprechen und alle anderen müssen zuhören. Ist der Beitrag beendet, wird der Kiesel weitergegeben. Sollte ein Dauerredner den Stein nicht herausrücken wollen, kann man zusätzlich eine Redezeitbegrenzung einführen. Mädchen und Jungen im Kita- und Grundschulalter haben eine Schwäche für Regelspiele, und auch Nora beteiligt sich gern. Nach kurzer Übungszeit wird sie feststellen, dass ein geordnetes Miteinander im Gespräch sehr viel angenehmer ist, als wenn alle durcheinander schreien und niemand dem anderen zuhört.

Eine geradezu perfekte Gesprächspartnerin wird Nora schließlich sein, wenn es ihr gelingt, weniger schnell und in angemessener Lautstärke zu reden. Noch überschlagen sich manchmal ihre Worte vor lauter Aufregung, und um ihren Botschaften Gehör zu verschaffen, legt sie ordentlich Phonstärken auf. „Wenigstens höre ich, was das Kind sagt", bemerkt ihre Oma allerdings dazu. „Der Kai nuschelt ja so, den verstehe ich überhaupt nicht." In der Tat hat sich Kai,

Noras neunjähriger Bruder, angewöhnt, leise und verwaschen vor sich hin zu murmeln. Für seine Zuhörer ist das eine Strapaze, zumal Kai nicht bedenkt, dass das Gehör seiner Großmutter nicht mehr so gut ist wie sein eigenes.

Was Kai und Nora noch lernen müssen, dass nämlich miteinander sprechen aus Geben und Nehmen besteht, das scheint leider auch vielen Erwachsenen fremd zu sein. Wer kennt nicht den Unterhaltungskünstler, der auf einer Party die Umstehenden mit nicht endenden Schilderungen seines bedeutenden Berufslebens überzieht? Wer kennt nicht das befreundete Paar, das den ganzen Abend über seine Urlaubserlebnisse spricht? Von Interesse an den Mitmenschen keine Spur. „Zeige in keiner Gesellschaft ein solches Übergewicht, dass andre verstummen" (A.v. Knigge, S. 52), hielt Freiherr Knigge derartigen Zeitgenossen entgegen, denn die gab es anscheinend damals genauso häufig wie heute. Man sollte, präzisierte der Freiherr, nicht ständig von sich selbst reden oder sich gar mit den eigenen Heldentaten brüsten.

Auch vom Geben und Nehmen ist beim alten Knigge die Rede: „Interessiere dich für andere, wenn du willst, dass sich andere für dich interessieren sollen!" (A.v. Knigge, S. 40). Zuhören und nachfragen also lautet die Devise, damit aus einer Konversation ein gelungenes Zusammentreffen wird. Dabei gehören zum Zuhören nicht nur gespitzte Ohren, sondern auch eine aufmerksame Haltung. Körper und Gesicht werden dem Sprechenden zugewandt, die Augen konzentrieren sich auf das Gesicht des Gegenübers und nicht etwa auf die Landschaft oder vorbeilaufende Menschen. Es sei denn, das Gespräch findet beim Wandern statt. Dann kann es nötig sein, den Blick ab und zu auf den Weg zu richten.

Spätestens, wenn sie in die Grundschule kommen, wird von Kindern erwartet, dass sie sich zurücknehmen und auf andere eingehen können. Da in den meisten Bundesländern die Bewertung des Arbeits- und Sozialverhaltens wieder eingeführt wurde, spiegelt sich ihre Kommunikationsfähigkeit sogar auf dem Zeugnis wider. Unter den Kriterien für eine Benotung, wie sie eine nordrhein-westfälische Schule entwickelt hat, finden sich zum Beispiel diese: „Fähigkeit, anderen zuzuhören und diese verstehen zu wollen. Aufgreifen von Beiträgen anderer. Eingehen auf Vorschläge anderer. Fähigkeit, sich in die Lage anderer zu versetzen. Bereitschaft, auf andere Rücksicht zu nehmen".

Letzteres schließt eine der typischsten, zugleich aber auch übelsten Gesprächssünden eindeutig aus, nämlich andere bloßzustellen. „Hahaha", johlen drei kleine Kerle im Kindergarten, „Lars hat ein Fletschauge!" Lachend umtanzen sie den armen Jungen, dessen linkes Unterlied blau und verschwollen ist. Die Kita-Kollegen von Lars sind noch klein, weshalb es ihnen schwer fällt, sich in die Lage anderer zu versetzen. Lernen müssen sie es trotzdem. Eine Erzieherin nimmt die drei Rabauken deshalb beiseite und erklärt: „Lars ist gestern Nachmittag auf dem Spielplatz hingefallen und hat sich im Gesicht sehr weh getan. Das war wirklich schlimm. Dass er jetzt so aussieht, dafür kann er nichts. Stellt euch mal vor, dass wäre euch passiert. Ihr hättet böse Schmerzen und ein blaues Gesicht. Wie würdet ihr euch fühlen, wenn andere euch dann auslachen?" Die kleinen Helden sind ganz betroffen. Tatsächlich, das Unglück von Lars hätte ja auch ihnen passieren können.

Besonders traurig ist, dass auch viele Erwachsene dazu neigen, Kinder vor anderen zu beschämen. „Mein Sohn", fragt Johannes im Beisein der Nachbarin in herablassend-ironischem Ton, „würdest du mir bitte erklären, warum du hier auf der Terrasse so konsequent und gleichmäßig Sand verstreut hast?" Philipp, der angesprochene Zweijährige, versteht weiter nichts, als dass er offenbar etwas falsch gemacht hat. Aber er spürt die unendliche Überlegenheit seines Vaters und fühlt sich beschämt. Obwohl sie schon sieben ist, ergeht es Sara nicht besser. Verwandte sind zu Besuch und Sara wird gefragt, wie es in der Schule läuft. „Na ja", kommentiert mit süffisantem Lächeln die Mutter an ihrer Stelle, „von Hausaufgaben hält sie ja nicht viel, nicht wahr Sara?" Vor lauter Scham bekommt das Kind einen roten Kopf. Warum machen Erwachsene so etwas? Letztlich nur, um sich dicke zu tun? Es sieht ganz danach aus. „Suche keinen Menschen, auch den Schwächsten nicht, in Gesellschaft lächerlich zu machen!" (A.v.Knigge, S. 43) wetterte der alte Knigge. Recht hatte er und recht hat er immer noch!

Kommunikation über Tasten

Sprechen und zuhören geschehen nicht nur im direkten Kontakt. Lange Zeit war es nur der Brief, der ein „Gespräch" auch dann möglich machte, wenn man weit voneinander entfernt war. Heute kommuniziert ein Großteil der Mitteleuropäer via Elektronik in alle Gegenden der Welt. Telefonieren über Festnetz und Funk, mailen, bloggen und chatten im Internet sind für die meisten von uns inzwischen Alltag geworden, insbesondere für die jungen Leute. Mit Skype, dem Telefonieren mit Live-Bild übers Internet etabliert sich gerade eine neue Technik. Ein Ende der Entwicklung ist nicht in Sicht. Ungeachtet aller technischen Neuerungen können wir jedoch festhalten: Die Grundregeln menschlicher Kommunikation gelten immer, egal welches technische Medium wir benutzen. Begrüßung und Abschied, deutlich sprechen, die anderen zu Wort kommen lassen, zuhören, achten, Gesprächspartnerinnen und -partner nicht bloßstellen, all das muss beachtet werden, damit auch elektronische Kommunikation gelingt. Darüber hinaus allerdings stellen Telefon, E-Mail und Co Benimm-Fachleute vor neue Herausforderungen. Denn wenn sich Menschen plötzlich auf ganz ungewohnte Weise begegnen, dann gibt es noch kein festes Reglement, wodurch mancher Kontakt – in die Hose geht.

Immer erreichbar: Telefon und Handy

Seitdem sie sprechen kann, ist Judith begeisterte Telefonistin. „Hallo, hier ist Judith", sagt sie inzwischen würdevoll, nachdem sie die Taste mit dem grünen Hörer gedrückt hat. Die Dreijährige weiß bereits, wie man in Deutschland üblicherweise ein Telefonat annimmt. Auch wenn manche Menschen das angelsächsische „Hallo" lässiger finden: Die deutsche Art, seinen Namen zu nennen, hat den unschätzbaren Vorteil, dass Anrufende gleich wissen, woran sie sind. Wirklich perfekt wird Judith ihre Sache deshalb machen, wenn sie ihrem Vor- auch noch den Familiennamen hinzufügt. Hätte sie sich mit „Hallo, hier ist Judith Weber" gemeldet, dann wäre die Dame von der Bank ziemlich sicher gewesen, die richtige Nummer gewählt zu haben, und hätte nach Judiths Mutter fragen können.

Leider kann die kleine Telefonistin noch nicht begreifen, dass „Mama kann nicht ans Telefon. Die sitzt auf dem Klo" zwar eine wahre, aber dennoch nicht die richtige Antwort ist. Auch sonst gibt es für Judith noch ein paar Dinge rund ums Telefon zu lernen. Dass man zum Beispiel selbst dann höflich bleibt, wenn man schlechte Laune hat, oder dass man den Apparat nach dem Benutzen wieder an seinen üblichen Platz zurückbringt. Manche Kinder belegen das Gerät nicht nur ausdauernd mit Beschlag, sondern zwingen ihre Eltern zu Suchaktionen, wenn sie selbst schon längst zu ihrer Verabredung verschwunden sind. Selbst der Rufton von der Station hilft nicht immer, weil das Telefon unter Kleiderbergen im Kinderzimmer vor sich hin wimmert oder sein Akku inzwischen leer ist. Wie war das doch früher einfach! Egal, wie lang das Kabel war, an seinem Ende fand sich immer das Fernsprechgerät. Seine Ortsgebundenheit verhinderte zudem, dass es immer und überall zum Einsatz kam.

Bei einer Mahlzeit mit anderen hat das Telefon nichts zu suchen. Wer die Nervenstärke nicht hat, es einfach klingeln zu lassen, der nimmt kurz an, erklärt freundlich die Situation und bittet um ein späteres Telefonat. Das gilt übrigens auch für Gespräche. Wer eine Unterhaltung wegen eines Telefonats unterbricht, darf das nur, um den Anrufer auf später zu vertrösten und sollte sich zudem bei den Anwesenden entschuldigen. Andernfalls gibt man ihnen das Gefühl, überflüssig zu sein.

Im Zeitalter des Mobiltelefons sind diese Regeln alles andere als selbstverständlich, weder für Erwachsene noch für Handy-besitzende Kinder und Jugendliche. Dabei sollten sich ein paar Standards inzwischen eigentlich durchgesetzt haben:

1. Es gibt Orte, an denen das Benutzen eines Handys schlichtweg verboten ist. In Krankenhäusern, Arztpraxen und Flugzeugen können seine Funkwellen empfindliche Elektronik stören.
2. Im Theater, im Kino oder beim Gottesdienst sind bimmelnde Mobiltelefone ein absolutes Ärgernis. Da gibt es nur eins: Gerät ausschalten, fordert deshalb knigge.de. Der Online-Ratgeber – mitherausgegeben übrigens von einem Nachfahren des alten Freiherrn Knigge – ist überhaupt rigoros. „Auch bei Besprechungen, auf Kongressen, Seminaren oder Vorträgen werden klingelnde Telefone als sehr störend empfunden", befindet er. „Deshalb gilt hier: schalten Sie das Telefon aus bzw. stellen Sie es auf ‚Lautlos' oder ‚Vibrationsalarm'". Wer sich im Restaurant oder in einem Gespräch befindet, sollte genauso handeln.
3. Ist ein Telefonat absolut unvermeidlich, verlässt man diskret den Raum.

4. Was die modernen Knigges für Erwachsene befinden, gilt ebenso für Kinder. Auch in der Schule hat das Handy nichts verloren, ebenso wenig beim Musikunterricht oder beim Fußballtraining.
5. „Bitte schreien Sie dabei nicht!", bemerkt knigge.de schließlich beinahe flehentlich und spricht damit jene unsäglichen Situationen an, in denen Menschen aller Altersstufen ohne Rücksicht auf ihre Umgebung lauthals private Dinge verhandeln. Wenn Anna den Streit mit der besten Freundin am Handy im Supermarkt austrägt oder Jan der Angebeteten seine Bewunderung während der Bahnfahrt ins Telefon säuselt – für alle, die unfreiwillig mithören, ist die Teilnahme an so intimen Verhandlungen unangenehm, auch wenn Anna zehn und Jan erst dreizehn Jahre alt sind. Falls sie sich daran halten, werden vielleicht Gespräche dieser Art demnächst der Vergangenheit angehören: „Wo bist du gerade? ... Ich sitze im Bus nach Unterursel ... Ich komme um halb vier an ... Treffen wir uns heute noch? ... Ich dich auch."

Das Handy also, um es kurz zusammenzufassen, sollte in Gegenwart anderer so wenig und so diskret wie möglich benutzt werden. Hier jedoch stoßen wir auf ein Problem. Das kleine Verbindungskästchen zur Welt ist für viele Erwachsene und die meisten Kinder und Jugendlichen ein Statussymbol. Manche legen es überall demonstrativ auf den Tisch, andere spielen beständig daran herum, und das häufig nur, um zu zeigen: Ich kann mir ein Handy leisten, ich kann auch damit umgehen, ich bin auf der Höhe der Zeit. Bleibt die Hoffnung, dass sich solches Renommiergehabe erübrigt, wenn der Umgang mit dem kleinen Wunderding demnächst völlig normal geworden ist.

E-Mail und SMS, Bloggen und Chat

Der wesentliche Unterschied zwischen einem Telefongespräch und E-Mail, SMS, Blog oder Chat ist banal und dennoch von entscheidender Bedeutung: Beim Telefonieren vermitteln wir Botschaften nicht nur über Wörter, sondern auch über die Art und Weise, wie sie gesprochen werden. Tonlage und Tempo des Gegenüber geben uns zusätzliche Informationen über das hinaus, was gesagt wird. Schon die Art und Weise, wie sich jemand meldet, erlaubt uns Rückschlüsse auf dessen Gemütslage. Manchmal gibt uns die Stimme sogar Informationen, die den gesprochenen Sätzen widersprechen. Behauptet gar jemand am Telefon mit unterdrückter, tonloser Stimme „Mir geht es super gut", dann wissen wir: Da soll uns was vorgemacht werden.

Bei E-Mail, SMS, im Blog und im Chat fällt die Nachrichtenquelle Ohr jedoch weg. Ähnlich wie im guten alten Brief gibt es deshalb hier viel mehr Möglichkeiten, Missverständnisse zu produzieren. Auch Emoticons sind da nur ein bescheidenes Hilfsmittel, obgleich sie, den schnellen Medien angemessen, auf kompakte Weise Gefühle vermitteln. Kinder und Jugendliche wissen, was mit ;-) (Augenzwinkern), ☹ (traurig), bg (big grin=großes Grinsen) oder hdgdl (hab dich ganz doll lieb) gemeint ist. Über die Dürftigkeit solcher Zeichen sollten sie sich aber im Klaren sein. Wenn die Versuchung noch so groß ist, eine schnelle Nachricht abzuschicken, erweist es sich doch mitunter als besser, die Sache noch einmal zu überdenken, ehe man auf „senden" drückt. Damit Ärger nicht vorprogrammiert ist, sollten Kinder wie Erwachsene folgende Regeln beachten:

– Prinzipiell immer höflich und freundlich sein.
– „Emoticons" benutzen, um Gefühle zu vermitteln, die der kurze Text nicht weiter geben kann.

- Jede Nachricht sorgfältig lesen und nach diesen Kriterien hinterfragen, bevor sie abgeschickt wird:
1. Drückt das Geschriebene wirklich aus, was ich sagen will?
2. Kann die Empfängerin oder der Empfänger verstehen, was ich sagen möchte oder könnte es Anlass zu Missverständnissen geben?
3. Bei größeren Kindern: Ist die Rechtschreibung in Ordnung?

Und noch eine Bemerkung zum Internet: Viele Kinder und Jugendliche bedenken nicht, dass das, was sie im Netz, etwa in offenen Foren, veröffentlichen, für jeden auf unabsehbare Zeit zugänglich ist. Sobald Ihr Kind anfängt, das Internet zu nutzen, machen Sie ihm Folgendes klar: Was einmal drin ist, bleibt drin, es sei denn, man hat Zugriff auf den Inhalt und kann ihn selbst löschen. Manches, was irgendwann flapsig dahingeschrieben wurde, ist einem später vielleicht peinlich. Sofern Ihr Kind noch klein ist, sollten Sie seine Surfaktivitäten ohnehin genau beobachten. Helfen Sie ihm dabei, seine Spuren im Netz unter Kontrolle zu halten. Kinder und Jugendliche sollten sich des Problems bewusst sein und sich bei jeder Veröffentlichung im Internet fragen: Kann das für mich oder für andere unangenehm sein? Wer etwa Fotos von albernen Streichen im Web veröffentlicht, tut sich und anderen damit kaum einen Gefallen. Nicht nur, dass Eltern, Patentanten oder Lehrer auf den Unfug stoßen könnten. Bei einer Bewerbung zum Beispiel werden peinliche Veröffentlichungen im Netz zum echten Problem. Arbeitgeber pflegen nämlich regelmäßig zu „googeln", um sich ein Bild von der Bewerberin oder dem Bewerber zu machen.

Die Zukunft im Netz: Bildtelefon

Große internationale Konzerne praktizieren sie schon länger, die Kommunikation über „Videokonferenz". Die Gesprächsteilnehmer tauschen sich in diesem Fall nicht nur per Stimme zwischen Seattle, Hamburg und Singapur aus, sondern sehen sich dabei gleichzeitig auf einem Bildschirm. Was es dazu braucht ist einen Computer, eine kleine Webkamera, ein Mikrofon und ein passendes Programm aus dem Internet. In neuen PCs, Laptops und Handys sind Kamera und Mikro bereits integriert.

Wir können also davon ausgehen, dass das Telefonieren von Angesicht zu Angesicht für unsere Kinder bald schon zum Alltag gehört. Eine herrliche Sache. Interessanterweise führt uns die neue Technik in diesem Fall beinahe wieder zum Ursprung menschlichen Austauschs zurück: Zwei Personen treffen sich und sprechen von Angesicht zu Angesicht miteinander. Komplikationen, die sich beim Telefonieren oder Versenden elektronischer Nachrichten durch die Beschränkung auf Gehör und Schrift ergeben, entfallen hier. Wer mit Ton und Bild konferiert, der braucht lediglich das gute, alte ABC des höflichen Gesprächs – von A wie aufmerksam sein bis Z wie zuhören. Wenn das bei der Jugend sitzt, sehen wir fröhlichen Zeiten des Austauschs entgegen.

Nur eines fällt uns schwer vorzustellen: Wie es sein wird, wenn in naher Zukunft die Reisenden in einem Großraumabteil, statt miteinander zu sprechen, ihr Laptop auf den Knien balancieren und auf das Gerät einreden. Da das Maschinchen antwortet, vermehrt sich die Zahl der Stimmen im Abteil womöglich auf das Doppelte der anwesenden Personen. Ob das ein heilloses Durcheinander gibt? Na, mit diesem Thema mag sich ein künftiger „Knigge" befassen.

Zauberwörter

„Ball! Ball!", ruft Max energisch und zeigt nach oben zum Regal, in dem sich das Objekt seiner Begierde befindet. Die Oma reagiert sofort und reicht dem Kind den Gegenstand. Dass Max seinen Wunsch mit dem kleinen Wörtchen „Bitte" schmückt, erwartet die Großmutter nicht. Der Kleine ist ja gerade mal ein Jahr alt geworden und, wie alle in der Familie, freut sie sich zunächst über jedes neue Wort, dass Mäxchen lernt. Später wird sich das ändern. Zwar wird der Junge eines Tages in der Lage sein, den Ball alleine zu erreichen. Dennoch wird er auf die Hilfe anderer Menschen angewiesen bleiben, wie wir alle. Viele Leistungen, die wir von anderen brauchen, gleichen wir durch Tauschgeschäfte aus, indem wir dafür bezahlen. Für Kleidung, Nahrung, Haarschnitt oder Reparatur der Wasserleitung legen wir die marktübliche Anzahl von Geldstücken hin.

Doch für unzählige kleine Dienstleistungen, die wir im Alltag geben und nehmen, gibt es keine festgelegten Preise. Die junge Mutter zum Beispiel, die Hilfe braucht, weil sie den Kinderwagen nicht alleine in den Bus heben kann, hat nichts weiter anzubieten, als ein einziges kleines Wort: Bitte! Dem jungen Mann, den sie anspricht, sagt sie mit einem Wörtchen jedoch eine ganze Menge: „Ich bin in einer schwierigen Lage und brauche Hilfe. Ich weiß genau, dass ich darauf keinerlei Anspruch habe. Ich weiß, dass Ihre Hilfe freiwillig ist und Sie sie aus Freundlichkeit und Hilfsbereitschaft leisten." Genau darin liegt das Geheimnis des kleinen Wortes, dass nicht zufällig in Kinderbüchern „Zauberwort" heißt. Weil es die Haltung und die Leistung des Helfers oder der Helferin schon im Voraus würdigt, verfehlt es fast nie seine Wirkung. Und wie zu jedem Anfang ein Ende gehört, gehört zu jedem Bitte ein Danke. Es schließt die Geschichte ab, indem es die Leistung unseres jungen Mannes noch einmal anerkennt durch das, was es ausdrückt, durch Dankbarkeit.

Weil aber die Wirkung der beiden „Zauberwörter" eine so durchschlagende ist, weil sie stets für gute Stimmung und ein reibungsloses Miteinander sorgen, sollten wir verschwenderisch mit ihnen umgehen. So sagen wir bitte und danke auch dann, wenn wir es nicht „nötig haben", weil wir ja für das, was wir bekommen, bezahlen. Beim Busfahrer zum Beispiel, an der Ladentheke, an der Kinokasse oder in der Hotline eines Unternehmens. Die zusätzliche Portion Anerkennung, die die Kassiererin oder die Dame im Callcenter jenseits des Geschäftlichen dadurch erfährt, tut ihr ganz gewiss gut.

Was unseren Max betrifft, so muss er also noch eine ganze Menge lernen. Zum Beispiel, dass der Satz „Ich will Schokolade" eher Widerstand hervorruft, während die Formulierung „Kann ich bitte ein Stück Schokolade haben?", nahezu magische Wirkung hat. Auch muss Mäxchen lernen, dass bitte und danke nicht nur den Menschen draußen in der Welt zustehen, sondern ebenso Eltern, Geschwistern und anderen Familienmitgliedern. Ihm selbst natürlich auch.

Streit muss sein, aber wie?

Auf dem Weg in den Familienurlaub geht es im Auto auf den hinteren Plätzen heiß her. „Guck nicht auf meiner Seite aus dem Fenster!" und „Du bist mit deinem Arm in meiner Hälfte!" oder „Daaaaas ist mein Gameboy!" und „Halt's Maul!" Der neunjährige Tim und die siebenjährige Sara zanken, was das Zeug hält. Schließlich ist eine richtige Rauferei mit Kneifen und Knuffen im Gange. Zeit, dass sich die Gemüter beruhigen. In diesem Fall wäre wohl Abwechslung, eine kurze Pause auf dem nächsten Rastplatz und/oder den Zankapfel entfernen, angebracht.

Wenn Kinder streiten, ist das oft für Erwachsene kaum auszuhalten. Trotzdem sollte man sie (möglichst) lassen, denn Konflikte lösen lernt man nur durch Üben. Damit erproben und erlernen unsere Sprösslinge Fähigkeiten, die sie unbedingt brauchen: Gefühle äußern, Grenzen setzen, sich behaupten und zurückstecken, verhandeln und Kompromisse schließen. Unsere Lieben missachten soziale Regeln, zum Beispiel „Du sollst nicht hauen", um ihren Handlungsspielraum auszutesten und um (von uns) Orientierungshilfen zu bekommen.

Ein Zweijähriges kann seine Aggressionen nur durch Wutanfälle äußern. Es gibt kaum Eltern, die sich nicht an peinliche Szenen im Supermarkt mit einem Kind, das sich auf dem Boden wälzt, erinnern. Wie peinlich die Szene auf dem Spielplatz, als die sonst so friedliche Lea, zack, ihrem Spielgefährten Maxi die Sandschaufel auf den Kopf haut und ihn gleich danach noch in den Arm beißt. Schubsen, treten, hauen, kneifen, an den Haaren ziehen, hänseln, nachäffen, beschimpfen – das Gemeinheiten-Repertoire von Kindergarten- und Grundschulkindern ist ziemlich groß. Sie wissen aber auch schon ganz genau, dass solche Verhaltensweisen richtig hässlich sind. Meist sind sie deshalb auch bereit, sich auf Streitschlichtung einzulassen.

Du obermickriger Unterhosen-Zwerg

Die Mutter eines Erstklässlers war entsetzt, als ihr kleiner ABC-Schütze von den vielen Rempeleien und Hänseleien in der Schule erzählte. Auf ihre besorgten Vorhaltungen sagte die Lehrerin nur begütigend: „Die müssen auch mal raufen dürfen, und er wird schon lernen, sich durchzusetzen." Auch hier wieder: Ein bisschen Aggression muss sein. Das ist dann in Ordnung, wenn die Kinder aus solchen Situationen dieses lernen: Ich darf auch mal kräftig schimpfen oder mich beschweren, wenn mir etwas gegen den Strich geht. Damit das gelingt, muss es ein paar Grundregeln fürs Gespräch geben. In dieser Grundschule wurde für das Gespräch in der Klasse zum Beispiel dies vereinbart: 1. Nicht reinreden 2. Immer ausreden lassen 3. Keine unfairen, also fiesen, Kommentare zu dem abgeben, was gesagt wurde.

Auch beim Streiten kommt es natürlich immer auf das Wie an. Also: nicht in blinder Wut auf das andere Kind eindreschen, nicht mit mehreren über einen herfallen, die Grenzen des anderen respektieren und im Streit nicht auf einem wunden Punkt herumreiten, sich bemühen, dem anderen zuzuhören, sich entschuldigen und Wiedergutmachung anbieten können. Das kann dann so gehen: „Tut mir Leid, dass ich deine Schokolade aufgegessen habe. Ich kauf dir morgen von meinem Taschengeld neue" oder „Ich hab dich an den Haaren gezogen, du kannst mich dafür mal ganz doll stupsen."

Der Kinderbuchautorin Regine Schwarz ging gegen den Strich, dass die Sprache auf den Schulhöfen und selbst im Kindergarten immer gröber und sexistischer wurde. Speziell für Wortgefechte hat sie deshalb ein lustiges Schimpfwörter-ABC erfunden. Einige Beispiele: beleidigter Fussel-Quaker, obermickriger Unterhosen-Zwerg, rotznäsiger Nachthemd-Frosch. Schließlich, so meint sie, „brauchen Kinder ein Ventil und wenn sie sich frei schimpfen, geht auch der Ärger weg." Diese Schimpfwörter verletzten nicht so, signalisierten dem anderen Kind aber doch „Hey, so aber nicht", meint die Mutter von drei Kindern. Es gibt auch Familien, da darf mal hemmungslos eine halbe Stunde geschimpft werden oder es wird das Schimpfwort des Tages gesucht. Alles gute Methoden, um Streitereien die Spitze zu nehmen und ein versöhnliches Familienklima zu schaffen.

Eine britische Studie förderte übrigens erst kürzlich zutage, dass Fluchen gut tut und den Teamgeist stärkt. „Angestellte nutzen regelmäßig Schimpfwörter, aber nicht unbedingt in negativer, beleidigender Weise", hieß es bei der Vorstellung der wissenschaftlichen Ergebnisse (SZ, 17.10.2007). Danach können Schimpfwörter Solidarität unter Angestellten fördern und helfen, Gefühle auszudrücken. Kein Wunder also, dass besagtes Schimpfwörter-ABC auch schon Käufer aus Chefetagen gefunden hat.

Eltern müssen sich in einen Streit einmischen, wenn ein Kind eindeutig in Gefahr gerät. Ansonsten ist, siehe oben, eher Zurückhaltung geboten. Geschwister zum Beispiel nutzen einen Zank auch, um sich der Aufmerksamkeit und Liebe der Eltern zu versichern. Diese können aber als Lotsen in dem Streit wirken, sich für den Konflikt interessieren und fragen: „Was wollt ihr denn jetzt machen?", und ihnen so helfen, einen Ausweg zu finden. Die zehnjährige Miriam und der zwölfjährige Paul hatten morgens immer Krach. Wer geht zuerst ins Bad, darf man sich morgens nach dem Frühstück noch die Haare waschen, wenn doch Zähneputzen angesagt, die Zeit knapp ist und der Schulbus wartet? Ihrer Mutter wurde das irgendwann zu bunt. Jedes Kind konnte ausführlich seine Sicht des Konflikts schildern, und dann stellten die beiden mit ihrer Hilfe Badezimmerregeln auf – seitdem hat sich die morgendliche Situation deutlich entspannt.

Prima Familienklima

Was aber ist, wenn Kinder mit ansehen müssen, wie ein Teller durch die Luft fliegt und sich Eltern ausdauernd beschimpfen? Nicht gerade die feine Art, aber es passiert nun mal. Dann wenigstens sollten die Kinder auch beobachten können, wie sich die Eltern wieder miteinander versöhnen.

Die Regel, die früher noch der Pfarrer den Brautleuten ans Herz legte, nämlich nicht im Unfrieden zu Bett zu gehen, ist ganz sicher auch gut für Kinder. Vor dem Schlafengehen müssen die Streitereien geklärt und der Frieden wieder hergestellt sein. Genauso gut tun dem Familienzusammenhalt gemeinsame Unternehmungen, die allen Spaß machen. Wer miteinander Freude und Spaß erlebt, kann auch besser einen Streit verkraften und beenden. Das kann gelingen, wenn Eltern und Kinder ihr Gesprächsverhalten trainieren, wie der Pädagoge Martin R. Textor vom Münchner Staatsinstitut für Frühpädagogik meint. Er empfiehlt eine Orientierung an der amerikanischen Pyschologin Virgina Satir, die in den 70er Jahren des letzten Jahrhunderts die Familientherapie begründete. Ihre Grundregeln für das Gespräch in der Familie sind: „Zu hören und zu sehen, was da ist; zu sagen, was man fühlt und denkt; zu fühlen, was man empfindet; zu erbitten, was man wünscht; zu wagen, was reizvoll ist" (Textor, www.familienhandbuch.de).

Die leidigen Tischmanieren

Essen ist vor allem lebensnotwendige Nahrungsaufnahme. Da wir aber nur zubereitete Speisen vertragen, steht die Anstrengung vor dem Genuss. Wir müssen Lebensmittel waschen, zerkleinern, braten, blanchieren, backen oder wenigstens aufwärmen, können uns also nicht wie die Schafe auf die Weide stellen und auf „natürliche" Weise einfach futtern, was sich findet. Schon unsere frühesten Vorfahren haben sich deshalb zur komplizierten Lebensmittelbeschaffung zusammengetan und das Ergebnis ihrer Bemühungen später gemeinsam genossen. Natürlich kann man die nötigen Kalorien problemlos alleine zu sich nehmen. Essen in Gesellschaft anderer jedoch stärkt das Zusammengehörigkeitsgefühl, früher wie heute. Deshalb ist es kein Zufall, dass wir Verwandte, Freunde oder Geschäftspartner zu einer Mahlzeit einladen, wenn uns an einer Verbindung gelegen ist. Und sei es nur zu Kaffee und Gebäck.

Zusammen sein

Auch in der Familie schafft das gemeinsame Essen Zusammengehörigkeit. Oft bietet eine Mahlzeit im Alltag die einzige Gelegenheit, sich auszutauschen. Keine Frage also, dass weder Spielzeug noch die Zeitung noch Telefon und Handy bei Tisch etwas zu suchen haben. Radio und Fernseher werden ebenso selbstverständlich ausgeschaltet. Zum Essen in Gesellschaft gehört vielmehr das Gespräch und auch dafür gibt es sinnvolle Regeln. Zum Beispiel die, dass jeder zu Wort kommt und dabei die Aufmerksamkeit der anderen genießt. Eine einfache Maßnahme trägt übrigens dazu bei, einen ruhigen Anfang zu erleichtern: Legen Sie eine Sitzordnung fest. So vermeiden Sie, dass bei der Frage „Wer darf heute neben Papa sitzen?" erste Konflikte entstehen. Außerdem können Sie Lieblingsgegner – meist zwei Brüder oder zwei Schwestern, die altersmäßig nah beieinander sind – auf elegante Weise trennen und dadurch Fußtritte unterm Tisch von vorne herein verhindern.

Ähnlich entspannend wie eine Sitzordnung wirken Übereinkünfte darüber, wie Geschirr und Besteck angeordnet und gebraucht werden. Man stelle sich vor, diejenigen, die für die Mahlzeiten zuständig sind, ließen sich täglich etwas Neues einfallen. Mal läge das Messer oben und der Löffel unterhalb des Tellers, mal würden Kartoffeln mit dem Löffel gegessen und dann mit den Fingern... – wir wüssten nie, wo wir dran wären und müssten uns immer wieder neu orientieren. Da wir uns aber im Großen und Ganzen einig sind, dass hierzulande das Messer rechts vom Teller liegt und die

Gabel links, der tiefe Teller für die Suppe gedacht ist, der kleine Teller fürs Dessert und so weiter, wissen wir zuhause wie bei Freunden oder im Restaurant stets woran wir sind und können uns auch in dieser Hinsicht entspannt dem Essen und der Geselligkeit widmen.

Um Missverständnissen vorzubeugen: Es geht nicht darum, Kinder mit Details über Rotwein-, Weißwein-, Likör- und Cocktailgläser zu quälen. Was sie aber brauchen, sind Informationen darüber, wie ein Tisch gedeckt und wie mit Besteck und Porzellan hantiert wird: Dass man das Messer zum Schneiden und Schieben verwendet, es aber nicht in den Mund führt, dass die Gabel in die linke Hand gehört, das Glas in die rechte, dass man Soße nicht aus der Schüssel oder dem Teller trinkt, das Vorlegebesteck nicht ableckt und Spaghetti auf die Gabel rollt, das sollte zum Allgemeinwissen eines jeden Kindes gehören. Auch, dass man gerade und aufrecht sitzt, was zum einen den Verdauungsorganen zugute kommt, zum anderen Aufmerksamkeit für das Essen wie für die Tischgenossen signalisiert.

Schwieriger wird es mit der Tischetikette für Kinder natürlich, wenn sie bei größeren Zusammenkünften der Verwandtschaft oder im Freundeskreis der Eltern zwischen lauter Erwachsenen hocken. Einerseits wird hier tadelloses Benehmen von ihnen erwartet, andererseits aber werden sie, weil hoffnungslos in der Minderheit, häufig kaum beachtet. Die amerikanische Schriftstellerin Harper Lee erzählt in ihrem Roman „Wer die Nachtigall stört" von einer solchen Situation. Jean Louise, die neunjährige Heldin, muss einen Nachmittag zwischen den Kaffee-Freundinnen ihrer Tante Alexandra verbringen. Anfangs langweilt sie sich, doch dann beginnt sie den Gesprächen der Damen zu lauschen. Es geht um Menschen in Afrika, und das erregt ihr Interesse. Angeregt durch das, was sie hört, entwickelt sie alsbald ihre eigenen Gedanken und Fantasien.

Sich zurücknehmen, einfach nur zuhören, auch das ist eine Tugend, die Kinder bei Tisch erlernen sollten, meint Sybil Gräfin Schönfeldt. Schließlich kann man nicht immer im Mittelpunkt stehen, sondern muss sich manchmal mit einer Randexistenz zufrieden geben. Nicht selten eröffnet die anfängliche Langeweile am Erwachsenentisch Kindern eine neue Welt, in der sie eine Menge beobachten und lernen, berichtet Schönfeldt außerdem aus eigenem Erleben. Das scheint sogar für den zweijährigen Benni zu gelten, der in seinem Kinderstuhl sitzt, gedankenverloren auf seinem Löffel herumkaut und einen Tischgenossen nach dem anderen aufmerksam ins Visier nimmt. Als er dann irgendwann die Lust am Beobachten verliert, ist jeder einverstanden, dass der Kleine seinen Posten verlassen und sich in der Spielecke zu schaffen machen darf.

Andere sind auch noch da

Johanna und Max spielen Fangen. Das ist ein normaler Kinderspaß und sei den beiden gegönnt, nur, dass die Zwei- und der Fünfjährige ihrem Vergnügen im Restaurant nachgehen. Zwischen essenden und plaudernden Menschen jagen sie lautstark durch die Gänge, um sich die Zeit zu vertreiben, bis die bestellte Mahlzeit serviert wird. Na ja, mag man einwenden, kleine Kinder können eben schlecht warten und außerdem brauchen sie Bewegung. Ein strittiger Fall, an dem sich oft die Geister scheiden, vor allem die zwischen jungen Eltern und kinderlosen oder älteren Menschen. Als kinderfeindlich erscheinen letztere Müttern und Vätern spätestens dann, wenn sie sich über das Verhalten der Kleinen beschweren. Den erwachsenen Begleitern von Max, Johanna und Benedikt könnte man Folgendes empfehlen: Überbrücken Sie die unerträgliche Wartezeit aufs Essen, indem Sie den Kleinen leise vorlesen, Mau-Mau spielen, Kartenhäuser bauen oder auch zwischendurch mal die Außenbereiche des Restaurants erkunden. Jedenfalls sorgen Sie dafür, dass sich andere Gäste nicht belästigt fühlen. Die haben nämlich ein Recht auf ungestörte Nahrungsaufnahme.

Auch wenn die meisten Tischnachbarn lieber zähneknirschend schweigen, so haben sie doch nicht allzu viel Freude daran, wenn es dann bei der Speisung nebenan turbulent zugeht. Max wirft ein Saftglas um, Johanna experimentiert mit dem Reis und verteilt ihn gleichmäßig um ihren Platz, während Benedikt, der neunjährige Bruder der beiden, mit aufgestütztem Kopf am Tisch hängt und laut übers Essen meckernd in seinen Pommes Frites herumstochert. So richtig Spaß macht diese Mahlzeit keinem. Würde sich unsere Familie in einem ausgesprochenen Kinder-Restaurant befinden, müsste man um das ganze Tohuwabohu vielleicht kein Aufhebens machen. Im normalen Leben geht es jedoch beim Essen auch immer um Rücksichtnahme, ab dem Moment jedenfalls, wo der futternde Mensch nicht alleine ist.

Ein Recht auf Rücksichtnahme haben selbstverständlich auch alle Mit-Esser am Tisch, egal ob zuhause oder woanders. Das beginnt damit, dass man mit sauberer Kleidung und gewaschenen Händen pünktlich zur Mahlzeit erscheint. „Überpünktlich" muss man allerdings nicht sein, denn wer sich als Erster an den Tisch wirft und über die Schüsseln herfällt, wirkt gierig und allein auf seinen Vorteil bedacht. Das gilt auch für Jonas, der gerade vom Sport kommt und mit elf Jahren ein typischer Kandidat für den Bärenhunger ist. Ruhig und bedachtsam heißt es zu Werke zu gehen und das während der ganzen Mahlzeit. Zappeln ist nicht erlaubt. Dass sich die meisten Mitmenschen von Schmatzern, Rülpsern und ähnlichen Geräuschen belästigt fühlen, muss nicht weiter erklärt werden. Empfindlichen Zeitgenossen können die gar gründlich den Appetit verderben. Und wenn sie sich den durchgekauten Essensbrei im Mund ihres Gegenüber ansehen müssen, wird ihnen womöglich sogar schlecht. Die Regel „Mund zu beim Kauen und erst reden, wenn der Mund leer ist", dient also nicht dazu, arme Esser zu strafen, sondern die anderen zu schützen.

Will sich ein Kind übrigens allen Ermahnungen zum Trotz gar nicht benehmen, können Eltern es ohne weiteres von der Mahlzeit ausschließen.

Tischnachbarn unterstützen

Damit Kinder lernen, nicht immer nur an sich zu denken, sondern auch an andere, sollten sie früh angehalten werden, zuhause zu helfen. Die gemeinsame Mahlzeit bietet sich besonders dafür an, denn bereits Zweijährige können beim Tischdecken mitmachen. Paul, der schon neun ist, reicht während der Mahlzeit selbstverständlich Schüsseln und Platten weiter. Seiner kleinen Schwester hilft er bei der Auswahl und schneidet ihr das Fleisch in kleine Stücke. Eigentlich eine Selbstverständlichkeit, sollte man meinen. Wie auch die, dass Meckern beim Essen nicht erlaubt ist. Wer für die Mahlzeit zuständig war, hat sich bestimmt so viel Mühe gegeben wie möglich. Sicher muss man sich nicht für jedes Müsli oder abendliche Butterbrot bedanken. Nach einem frisch zubereiteten warmen Essen sollte ein Dankeschön an den Koch oder die Köchin jedoch selbstverständlich sein. Das hebt die Stimmung und spornt zu weiteren guten Leistungen an.

Ordnung ist das halbe Leben

Frau Müller ist überrascht. „Lea", sagt sie sichtlich irritiert, „ist ausgesprochen ordentlich. Ich weiß nicht, von wem sie das hat." Sich selbst hält sie jedenfalls nicht für die Überträgerin eines Ordnungs-Gens und ihren Mann eigentlich auch nicht. In Sachen Haushaltsführung gelten beide vielmehr eher als leger. Da bleibt schon mal Geschirr plus Essensreste auf dem Tisch zurück, wenn die Familie nachmittags ihren Aktivitäten entgegeneilt. In der Küche stapelt sich derweil noch der Spül vom Frühstück. Auch kommt es vor, dass in der Diele nur mehr ein kleiner Zickzackpfad Durchlass bietet, weil Jacken, Schuhe und der Tornister von Leas älterem Bruder den Boden pflastern. Lea hingegen liebt die Ordnung. Das dreijährige Mädchen trägt seine rosa Stiefel ins Schuhregal und ordnet sie exakt in die Reihe ein. Seine Stifte sammelt es nicht nur nach jedem Gebrauch akribisch ein, sondern sortiert sie nach Größe. Die Zahnbürste platziert sie nach Gebrauch im für sie vorgesehenen Becher und ihre Kuscheltiere reiht sie jeden Morgen nebeneinander auf. Warum macht Lea das? Weil sie Übersicht braucht. Klein wie sie ist, erscheint ihr die Welt ziemlich groß, bunt und schwer zu durchschauen. Damit sie handhabbar wird und verständlich, sucht das Kind dringend nach einer Struktur und erschafft sie, wo es keine findet, selbst. Es sortiert seine Stifte, die Kuscheltiere, die Glasperlen, die Bausteine.

Ordnung ist das halbe Leben, sagt der Volksmund. Das mag man für übertrieben halten, aber erleichtern tut sie es allemal. Lea weiß das, instinktiv sozusagen. Ein Glück für sie, zumal in der heutigen Zeit, in der Haushalte inklusive Kinderzimmer mit Gegenständen regelrecht vollgestopft sind. Eine gewisse Ordnung hilft, die Dinge wiederzufinden, zumal, wenn sie, wie in einer Familie, von mehreren Menschen benutzt werden. Es macht eben Sinn, dass Papier und Stifte, Kleber und Briefmarken, Nussknacker, Teller und Tassen, ja sogar Putzlappen und das Reservetoilettenpapier immer an der gleichen Stelle sind. Damit jedes Familienmitglied sicher sein kann, die benötigten Dinge auch im Notfall am bekannten Ort zu entdecken, gebietet der Anstand, dass jede Benutzerin und jeder Benutzer sie an den dafür vorgesehenen Platz zurückbringt. Ordnung schont außerdem Geldbeutel und die Umwelt. Spielzeug, das man im Herbst aus der Sandkiste in den Keller räumt, ist im Frühjahr immer noch ansehnlich und kann gleich benutzt werden. Auch ein Dreirad, das abends unters Dach kommt, hat eine wesentlich höhere Lebenserwartung als eins, das Wind und Wetter pausenlos ausgesetzt ist.

Wie aber bringt man Kindern die liebe Ordnung bei?
1. Lassen Sie Ihr Kleines so früh wie möglich im Haushalt mithelfen. So beschwerlich das am Anfang für Sie sein mag, beim gemeinsamen Wäsche sortieren, Geschirr einräumen oder Blumen gießen entdecken Kinder schnell, dass alles seinen Platz hat. Eifrig werden sie sich den merken, um beim Helfen richtig mittun zu können.
2. Entrümpeln Sie das Kinderzimmer. Mit allzu viel Spielzeug vollgestopfte Regale wirken nämlich erschlagend auf die Kleinen. Sortieren Sie deshalb lieber einen Teil der Dinge vorübergehend aus. Glasperlen, Ritterburg, Babypuppe – was Ihr Kind im Moment nicht interessiert, wandert in den Abstellraum. Achten Sie auf die Interessen Ihres Kindes und bieten Sie ihm jeweils an, was es gerade begeistert, mehr nicht.
3. Schaffen Sie Übersichtlichkeit im Kinderzimmer. Das Grundmuster der Ordnungskriterien müssen Sie selbst anlegen, später wird Ihr Kind es eventuell erweitern oder variieren. Gut bewährt haben sich Kisten mit verschiedenen Farben oder Aufklebern. Eine für die Bausteine, eine für die Western- oder Ritterfiguren, eine für Puppen, für Kuscheltiere usw... Passionierte Bastlerinnen und Bastler brauchen dazu noch Unterfächer für die verschiedenen Materialien oder Bausteine.

4. Räumen Sie gemeinsam auf. Von kleinen Kindern kann man nicht verlangen, dass sie dieser Aufgabe alleine gewachsen sind. Selbst die eifrige Lea braucht Hilfe, wenn sie abends müde und der Fußboden mit Gegenständen übersät ist. Wenn Ihr eigener Humor noch reicht, gestalten Sie die Aktion zu einem kleinen Spiel (Wer ist schneller? Wer findet die richtige Farbe? usw.), das hilft, Ihren Liebling bei Laune zu halten.
5. Bestehen Sie unbeirrbar auf Regelmäßigkeit. Das Aufräumen sollte so selbstverständlich zum Abendritual gehören, wie das Umziehen und Zähne putzen, denn auch hier gilt: Rituale erleichtern Kindern das Leben, aber nicht nur ihnen. Rituale machen den Alltag überschaubarer und werden, hat man sich einmal an sie gewöhnt, zur Selbstverständlichkeit. Ausnahmen gibt es deshalb nur in seltenen, wohlbegründeten Fällen (weil es wegen des Besuchs viel zu spät geworden ist...).
6. Schöne Aufbauten – ein Bauernhof, der Kaufladen, eine Polizeistation –, mit denen morgen weiter gespielt wird, dürfen selbstverständlich stehen bleiben. Da wird nur rundherum für Ordnung gesorgt, so dass der Weg zum Bett gefahrlos zu begehen ist.

Irgendwann zwischen zwei und drei durchleben die meisten Kinder die so genannte Trotzphase. Sie haben entdeckt, dass sie mit ihrem eigenen Willen etwas bewirken können, und probieren nun aus, wieweit sie damit kommen. Sie sagen zu allem und jedem „Nein", bevorzugt zu den Dingen, die unvermeidlich sind, zum Beispiel Zähne putzen und aufräumen. Was sie in dieser Phase brauchen, da sind sich die Pädagogen einig, ist eine eindeutige und klare Stellungnahme der Erwachsenen, die ihnen hilft, sich zu orientieren. Halten Sie also jetzt beim Thema Ordnung gelassen die Stellung. Auch wenn der Kampf anstrengend ist, er geht vorüber.

Allerdings dürfen wir uns nichts vormachen. Um die Pubertät herum wird Ihr Liebling Ihre Ordnungsvorstellungen wahrscheinlich noch einmal als Kampffeld entdecken. Bestehen Sie auch jetzt beharrlich darauf, dass er in den Gemeinschaftsräumen auf die übrige Familie Rücksicht nimmt, sprich die Schultasche aus der Wohnzimmermitte und benutzte Teller in der Küche wegräumt. Was sein eigenes Zimmer betrifft, so sollten Sie die Verantwortung dafür jetzt in seine eigenen Hände legen. Zu Ihrem Schrecken müssen Sie vielleicht dabei zusehen, wie sich der Raum nach kurzer Zeit in ein Schlachtfeld verwandelt. Betrachten Sie auch das als Ausdruck einer vorübergehenden „Trotzphase" und machen Sie sich keine Gedanken. Sie haben den Grundstein längst gelegt. Spätestens, wenn Freunde oder Freundinnen zu Besuch kommen, wird Ihr Kind dem Chaos zu Leibe rücken.

Hast du dir wirklich die Hände gewaschen?

Was finden Kinder wirklich eklig bei anderen? Eine kleine, nicht repräsentative Umfrage befördert diese Antworten zutage. Sie finden schlimm, wenn andere stinken, pupsen, spucken und mit den Fingern essen. Ziehen wir nochmals den Online-Beratungsdienst knigge.de zu Rate. Der findet noch manches andere in Punkto Hygiene nicht akzeptabel. Niesen ohne Taschentuch ist schlechterdings kaum möglich, und wenn man keines hat, dann bitte unbedingt in die linke Hand niesen (dabei keinesfalls trompeten), denn die rechte Hand muss möglichst sauber sein, zum Beispiel zum Händegeben bei der Begrüßung. Man will ja schließlich keine Virenschleuder sein.

Erwachsenen mag sich bei diesem Gedanken schon der Magen umdrehen. Kinder haben in der Regel bis in die Pubertät ein relativ unverkrampftes Verhältnis zu Körperausscheidungen und Dreck. Als die sechsjährige Karla die Kosmetikschatulle ihrer Mutter entdeckt, kennt sie kein Halten. Der rote Nagellack muss auf Finger- und Zehennägel. Dass sie prächtige Trauerränder unter den Nägeln hat und die Fußsohlen vor Schmutz starren, stört sie nicht im geringsten.

Man kann den Kindern lange Vorträge halten über Würmer, die man bekommen kann, wenn man sich vor dem Essen nicht die Hände wäscht (weil dann die Wurmeier, die im Sandkasten oder Erdhaufen, der zu Teilen noch an den Fingern klebt, gleich mit in den Mund transportiert werden). Jedoch nützt nur ständiges und konsequentes Einüben – und vielleicht die Erfahrung, dann doch einmal die komischen weißen Dingerchen in der Toilettenschüssel zu entdecken. Kleine Kinder brauchen beim Händewaschen die Hilfe von Erwachsenen, die etwas Größeren müssen kontrolliert werden. Legendär die Antwort des fünfjährigen Bernhard, der auf die Frage seines Vaters „Hast du dir auch die Hände gewaschen?", getreulich mit „Ja" und auf die Zusatzfrage: „Mit Wasser und Seife?" brav „Nein" antwortete. Der kleine Bernhard ist heute über 50.

Schön sauber: Eine Frage der Gesundheit

Die in unserem Kulturkreis üblichen hygienischen Mindestanforderungen sind: Vor dem Zubettgehen und nach dem Aufstehen gründlich waschen und mindestens zweimal täglich (am besten aber nach den Mahlzeiten) Zähne putzen. Jedes Familienmitglied hat eigene Handtücher, die wenigstens einmal in der Woche gewechselt werden und natürlich eine eigene Zahnbürste, die spätestens alle sechs Wochen durch eine neue ersetzt werden sollte. Es ist schon zu spät, wenn sich die Borsten schwungvoll nach außen biegen! Tägliches Duschen muss nicht sein, ist jedoch nach schweißtreibendem Sport obligatorisch. Haare werden täglich bis zweimal in der Woche gewaschen (bei ganz kleinen Kindern reicht einmal). Apropos Haare. Kämme und Haarbürsten vertragen eine regelmäßige Säuberung gut – die Haare vom Vorgänger mit in die eigenen hineinzukämmen, macht zwar anscheinend vielen Leuten nichts aus – betrachtet man in manchen Badezimmern die Haarbürsten, in denen viele Haare stecken. Aber auch Gäste müssen sich mal die Haare kämmen, und da ist es eine aufmerksame Geste, ein haarfreies Teil bereitzuhalten. Finger- und Zehennägel sollten kurz und ohne Trauerränder gehalten werden. Täglich frische Unterwäsche anziehen und Oberbekleidung regelmäßig wechseln bzw. lüften ist selbstverständlich.

Vor dem Essen und nach dem Toilettengang werden die Hände gewaschen. Kleine Kinder können sich das gut mit dem Spruch einprägen: „Nach dem Klo und vor dem Essen, Hände waschen nicht vergessen." Eltern und Kinder müssen sich natürlich auch die Hände waschen, wenn Windeln gewechselt wurden. Wer Tiere gestreichelt hat oder vom Spielplatz nach Hause kommt, säubert sich ebenfalls. Natürlich sollte sich, wer den Tisch deckt oder Essen zubereitet, auch vorher die Hände waschen.

Das Bonner „Institut für Hygiene und öffentliche Gesundheit" hat herausgefunden, dass intensives Training mehr Hygiene bedeutet. So wuschen sich entsprechend angeleitete Grundschulkinder zu 100 Prozent nach der Toilette die Hände. Als das Training auf der weiterführenden Schule nachließ bzw. gar nicht mehr erfolgte, waren es nur noch 80 Prozent der Kinder, die sich die Hände wuschen. Vollends peinlich wird es dann bei den jungen Erwachsenen. Lediglich vierzig Prozent der Studierenden säuberte die Hände, Männer noch seltener als Frauen. Zur Erinnerung: Es war Ignaz Semmelweis, der Mitte des vorletzten Jahrhunderts herausfand, dass das Desinfizieren der Hände vor der Untersuchung unter der Geburt die Müttersterblichkeit radikal senkte. Deshalb geht es beim Händewaschen nicht allein darum, dass die Hände gut duften oder sauber aussehen. Viele Eltern unterschätzen die gesundheitliche Bedeutung des Händewaschens. Dabei ist es eine Strategie zur Vermeidung von Krankheiten. (Nicht nur) die Hände sind mit unzähligen Keimen, Bakterien und Viren besiedelt, die sich munter ausbreiten, macht man ihnen nicht den Garaus.

Bad und Dusche werden übrigens immer in einem ordentlichen Zustand hinterlassen. Das bedeutet: Überschwemmungen werden aufgewischt, Handtücher aufgehängt, Haare aus dem Waschbecken oder der Duschwanne gefischt und in den Toiletteneimer geworfen, Reste vom Zähneputzen oder Nägelschneiden entfernt, schmutzige Wäsche kommt in den Wäschekorb oder gleich in die Waschmaschine.

Spucken nimmt wieder zu. Jogger spucken, Fußballspieler rotzen auf dem Fußballfeld, was das Zeug hält, junge Männer stehen lässig, die Hände in den unendlichen Tiefen ihrer Baggies verborgen, an Ecken zusammen und spucken. Bah. Frauen sieht man übrigens so gut wie nie spucken. Mag sein, dass das Zusammenrücken der Kulturkreise auch ein öffentliches Spucken wieder befördert und insbesondere bei männlichen Zeitgenossen zum Mann-Sein dazu gehört. Mit gutem Grund sind hierzulande jedoch schon vor 130 Jahren die öffentlichen Spucknäpfe abgeschafft worden. Spucken ist nicht nur richtig widerlich, sondern kann auch gesundheitsgefährdend sein. Denn die eklige Hinterlassenschaft kann Keime weiter transportieren. In Zeiten, in der sich auch in Deutschland die hochansteckende Tuberkulose wieder ausbreitet, kein angenehmer Gedanke.

Kleine Stinker sollte man nicht durch allzu deutliche Bemerkungen beschämen, einen kleinen Pups kann man übergehen. Pups- und Rülpswettbewerbe, die gerne von Jungen abgehalten werden, darf man ins Kinderzimmer verbannen. Es nützt nichts, sie zu verbieten.

Wenn Kinder müffeln, kann man den älteren, die schon ein Deo benutzen, einen dezenten Hinweis geben: „Du, ich glaube, dein Deo hat sich verabschiedet". Jüngere könnte man fragen: „War keine frische Unterhose/kein frisches T-Shirt mehr im Schrank?"

Das stille Örtchen – das saubere Örtchen

„Schnell, schnell", ruft die neunjährige Lea schon unten im Hausflur. „Mama, ich muss dringend aufs Klo!" „Gerade noch geschafft", strahlt sie nach erfolgreicher Verrichtung. Lea geht partout nicht in der Schule auf die Toilette: Zu schmutzig, zu ekelig. Mal abgesehen davon, dass „Einhalten" nicht gerade gesund ist und äußerst unangenehm, es müsste auch nicht sein, wenn sich Kinder und Erwachsene an diese Regeln hielten: Nach dem Toilettengang wird gründlich gespült und wenn nötig auch die Bürste benutzt. Der Toilettendeckel wird herunter geklappt. Wer das letzte Stück Toilettenpapier (bitte kein superdünnes) aufbraucht, sorgt für neues.

Das Pipi-Machen bei Jungen ist ein Thema für sich. Als Kind brachte Frau Urig ihre Mutter zur Verzweiflung, weil sie unbedingt im Stehen pinkeln wollte. Heute hat sie als kleine Mahnung für alle kleinen und großen männlichen Gäste eine Laubsägearbeit außen an der Toilettentüre angebracht. Zu sehen ist ein Manneken Pis in einem runden Kreis, das – wie in einem Verbotsschild – rot durchgestrichen ist. Als kleines Piktogramm klebt es auch – für alle Fälle – über dem Toilettenspülkasten auf den Kacheln. Will heißen: In diesem Haushalt setzt sich bitte jeder zur Verrichtung des kleinen Geschäfts auf die Toilettenbrille. Wenn die kleinen Jungs es also schon zuhause lernen, dass Pinkeln auch im Sitzen geht, könnte man zum Beispiel auch unbesorgt in allen Zügen dieser Welt auf die Toilette gehen, ohne befürchten zu müssen, durch gewisse Spuren tappen zu müssen. Klare Sache, dass dies eine besondere Erziehungsaufgabe für die Väter ist. Wer es trotzdem unbedingt im Stehen tun muss, wischt immer und ohne Ausnahme selbst auf, was daneben geht. Und wäscht sich dann die Hände. Die Väter könnten ihren Jungs auch beibringen, dass öffentliches Pinkeln absolut indiskutabel ist. Das ist bitter nötig, wenn man Mitarbeitern der Stadt Frankfurt glaubt. Bei der Vorstellung neuer Urinale wurde nämlich auf die Frage, warum deren Benutzung für Männer kostenlos ist, wohingegen Frauen 50 Cent bezahlen müssen, wenn sie mal müssen, geantwortet, Männer brauchten ein niederschwelliges Angebot. Sie pinkelten doch sonst überall hin. In manchen deutschen Städten darf eine Geldbuße bezahlen, wer dabei erwischt wird. In Köln kostet das zum Beispiel 35,00 Euro.

Sei aber pünktlich!

„Pünktlichkeit ist ein gutes Training für das Alleinsein", lästerte einst der Komiker Georg Thomalla. Wer schon einmal vergeblich längere Zeit auf seine Verabredung gewartet hat, vielleicht noch draußen bei winterlicher Kälte, weiß was er meint. Weil Zeit ein kostbares Gut ist, darf man anderen nicht die Zeit stehlen. Der andere, der nun schon eine Viertelstunde wartet, hätte doch noch etwas erledigen können oder sich selbst nicht abhetzen müssen. In der Schule und später im Geschäftsleben ist Pünktlichkeit eine wichtige Tugend, denn sie hat auch etwas mit Genauigkeit zu tun, die in vielen alltäglichen Verrichtungen eine wichtige Rolle spielt.

Kinder haben noch die wunderbare Fähigkeit, die „Zeit vergessen zu können". Dies sollten wir ihnen wirklich gönnen, zum Beispiel wenn sie versäumen, rechtzeitig für ihre Lieblingssendung vom Spielplatz nach Hause zu kommen, oder wenn sie selbstvergessen mit etwas beschäftigt sind. Für den familiären Tagesablauf bedeutet das Bedürfnis der Kinder sich zu verlieren auch, nicht zu viel in einen Tag hineinzupacken. Wenn Kinder trödeln, kann das nämlich ein stiller Protest sein. Sie haben einfach keine Lust auf Hetzerei oder noch mehr Abwechslung.

Andererseits funktioniert das Zusammenleben nicht, wenn der Tag nicht eine gewisse Struktur hat und Kinder sich nicht an bestimmte Zeiten gewöhnen: Essenszeiten, Beginn und Ende des Unterrichts, des Kinos, Abfahrt des Zuges, die Nachtruhe der Eltern. Spätestens ab sechs Jahren muss kein Kind mehr mitten in der Nacht ins Zimmer platzen, weil es ihm gerade so langweilig ist.

Wer nicht rechtzeitig kommt, verpasst nicht nur etwas, sondern verärgert auch die anderen. Denn die haben alles getan, damit das Essen rechtzeitig auf dem Tisch steht, sind hungrig und möchten essen. Womöglich wird auch eine schöne Unterhaltung durch Zuspätkommer unterbrochen.

Pünktlichkeit kann man trainieren. Dazu gehört, den Stau oder die Verspätung der Straßenbahn während der Rushhour einzukalkulieren, und immer ein bisschen früher loszufahren, als nötig. Kindergartenkindern, die noch keine Uhr lesen können, kann man einen Wecker stellen. Wenn der klingelt, ist es Zeit, aus dem Garten reinzukommen. Oder: Wenn der kleine Zeiger auf der Sechs und der große auf der 12 steht, gibt es Abendbrot. Diese Zahlen kennen sie meist schon. Ein regelmäßiger Tagesablauf hilft Kindern, zeitliche Strukturen einzuüben. In einem vorgegebenen Rahmen ist es leichter, sich an klare Zeitvorgaben zu halten. „Du darfst eine halbe Stunde computern, zwei Sendungen im Kinderkanal sehen, in zwei Stunden kommt die Oma und dann bist du bitte daheim."

Auch hier haben Eltern und andere Erwachsene eine wichtige Vorbildfunktion. Es ist notwendig, sich selbst absolut zuverlässig an vereinbarte Zeiten zu halten. Wer sagt, „Ich hol dich um 18.00 Uhr bei Lena ab", der muss dann auch da sein. Schließzeiten des Kindergartens sind verbindlich; wer sich verspätet, muss Bescheid sagen. Fahrdienste, zum Beispiel zum Handballtraining, sollten zuverlässig übernommen werden. Beliebte Ausreden wie „Ich konnte mich einfach nicht vom Büro loseisen" oder „Ich wollte gerade aus dem Haus, da klingelte das Telefon" gelten nicht. Es macht Kindern keinen Spaß stets als Letzte in die Umkleide zu hetzen und erst zum Training zu kommen, wenn das Aufwärmen schon begonnen hat. So etwas ist Kindern peinlich – und zu Recht.

Wenn Kinder sich verspäten, sollten sie genau wie auch die Erwachsenen anrufen. Das vermeidet das Sorgenmachen. Da insbesondere ältere Kinder gerne nach der Schule noch ein bisschen quatschen, die anderen zur Bushaltestelle begleiten, um sich dann selbst allmählich auf den Heimweg zu begeben, werden diese Zeiten am besten gleich mit einkalkuliert. Man kann aber mit den Kindern vereinbaren, dass es keinesfalls später werden darf als soundsoviel Uhr.

Richtiggehend gemein ist es, andere Kinder, die sich auf eine Verabredung freuen oder gar zur Geburtstagsparty eingeladen haben, warten zu lassen. Ein solches Verhalten kränkt, denn damit wird auch signalisiert: „Du bist mir nicht so wichtig". Und wer will das schon gern spüren müssen.

Muss das immer so laut sein?

Eine Quietschente direkt vors Ohr gehalten, erreicht die Dezibelstärke eines Rockkonzerts und eine Rassel kann lauter sein als ein vorbeifahrender Zug. Eine Studie der Universität Ulm belegte vor einiger Zeit, dass die Schwerhörigkeit von Jugendlichen oft schon in der frühen Kindheit verursacht wird – zum Beispiel durch ein Knalltrauma, ausgelöst durch eine Spielzeugpistole.

Wir sind uns oft gar nicht bewusst, mit welcher Geräuschkulisse wir tagtäglich leben und was sie mit uns macht: wie viel Lärm wir selbst machen, und wie viel wir aushalten. Menschen, die an vielbefahrenen Straßen wohnen und noch nicht einmal nachts ihre Ruhe haben, können sogar deshalb ernsthaft krank werden.

Untersuchungen zeigen, dass Wahrnehmungsstörungen bei Kindern durch ständige akustische Überreizung entstehen. Weil sie als Babys scheinbar ungestört bei größtem Krach schlafen, gelten sie häufig als weniger lärmempfindlich. Dem ist nicht so: Kinder blenden störende Geräusche aus – gleichzeitig nehmen sie aber andere Signale, zum Beispiel von anderen Kindern, nicht wahr und reagieren nicht. Ergebnis: Das „gestörte" Kind wird als gestört wahrgenommen – mit den entsprechenden sozialen Konsequenzen.

Lärm stresst Kinder. Einige Beispiele: Der Blutdruck von Kindern, die mit Verkehrslärm schlafen müssen oder ständig mit anderen Hintergrundgeräuschen gestört werden, ist höher als der von Kindern, die in ruhigen Vierteln wohnen. Lärmbelastete Kinder lernen schlechter und machen mehr Fehler als ihre Altersgenossen. Das Stresshormon Cortisol ist bei diesen Kindern gleichbleibend hoch. Lärmstress macht auch anfällig für Krankheiten. Lungenfunktionstests zeigten: Kindern, die viel Lärm aushalten müssen, geht schneller die Puste aus.

Zur Ruhe kommen

Viele Kinder können sich intensiv in ihr Spiel vertiefen. Die Welt versinkt um sie herum, während sie ihrer Fantasie freien Lauf lassen. Nur ungern lassen sie sich dabei stören.

Andere Kinder kommen einfach allein nicht zur Ruhe. Das kann viele Gründe haben. Einer davon ist sicherlich der immer höhere, ungebremste Fernsehkonsum, selbst im Baby- und Kleinkindalter. So befürchten zum Beispiel die nordrhein-westfälischen Kinder- und Jugendärzte, dass die wachsende Reizüberflutung bei ganzen Generationen von Kindern Entwicklungsverzögerungen und Verhaltensauffälligkeiten auslöst.

Gegen Straßenlärm oder andere von außen bestimmte Geräuschkulissen, zum Beispiel in Kaufhäusern, ist kaum etwas zu machen. Eltern können aber dafür sorgen, dass Kinder zuhause ihre Ruhe haben und Lärm vermeiden, zum Beispiel: Radio und Fernsehen ausmachen, wenn die Familie zusammen isst, oder Krachmacher-Spielzeug gar nicht erst kaufen. Je weniger Geräuschkulisse, desto besser. Ein aktiver Rückzug gelingt mit Kuschelpausen oder mit Spaziergängen in die Natur, mit Mandala ausmalen oder anderen Stille-Spielen.

Stille ist die Voraussetzung für tieferes Erleben. Kinder lieben deshalb auch Fantasiereisen. Auch ihnen tut die damit verbundene Entspannung und Pause im aufregenden Alltag gut.

Herr Anton hat deshalb eines Tages aus der Not eine Tugend gemacht. Seine Kinder waren als Kleinkinder Frühaufsteher. Frühmorgens um fünf war die Nacht oft schon rum. Um sie zu beschäftigen, stellte er sich mit den Kleinen ans geöffnete Fenster. „Horch mal", sagte er dann beispielsweise, wenn ein Vogel sang. „Was für ein Krach," wenn Eisenbahnlärm von der nahen Bahntrasse dröhnte und die Morgenstille durchschnitt. Vater und Sohn, später Vater und Tochter haben so viele schöne Viertelstündchen erlebt, in denen beide Stille und Klang deutlich spürten.

Kinderlärm ist erlaubt

Andererseits gehören Kinder und Krach zusammen wie Dick und Doof. Kinderlärm muss geduldet werden und zwar auch während der gesetzlichen Ruhezeiten. Denn dieser gehört, so steht es in mehr als einem Gerichtsurteil, zu den „normalen Lebensäußerungen von Kindern". Was natürlich nicht heißt, dass Kinder ohne Rücksicht stundenlang ihre Bälle gegen das Garagentor schießen oder die Nachbarschaft mit ihrem geliebten Hip-Hop beschallen sollen.

In diesen Fällen müssen auch Kinder ab vier Jahren Ruhe wahren: wenn ein Familienmitglied krank ist, wenn das Baby nebenan gerade eingeschlafen ist, wenn im gleichen Zimmer telefoniert wird, ein Geschwisterkind Hausaufgaben macht oder sein Instrument übt, die Eltern ein Viertelstündchen Mittagsschlaf halten.

Genauso selbstverständlich ist, dass nicht morgens schon das Haus mit der Lieblingshymne beschallt wird, im Bus kichernd sämtliche Handy-Klingeltöne ausprobiert werden oder die Musik vom I-Pod trotz Ohrstöpseln unangenehm im Ohr des Mitreisenden wummert.

Orte der Stille

Ganz spezielle Orte in Punkto Lärm bzw. Stille sind Kirchen und Bibliotheken. In den öffentlichen Büchereien darf nicht telefoniert, laut gesprochen oder um die Bücherregale herum Nachlaufen gespielt werden. Ein kleines Schwätzchen – wen stört das schon, denken vielleicht manche. Ist aber gar nicht gut und keinesfalls rücksichtsvoll. Das merkte die elfjährige Mona, als sie in der Schulbibliothek eine Klassenarbeit nachschrieb. Im räumlich nicht getrennten Selbstlernzentrum ging es hoch her, weil die Oberstufenschüler es sich dort vor den Schulcomputern gemütlich gemacht hatten. Eine Aufsicht ist dort mangels Personal nicht möglich. Mona, die eine gute Schülerin ist, konnte sich nicht richtig konzentrieren und hatte viel Mühe, ihre Arbeit rechtzeitig zu beenden.

Kirchen sind Orte der Stille – weil sich Menschen hierher zur Besinnung zurückziehen und also ein Recht darauf haben, nicht gestört zu werden. Kinder müssen also entsprechend informiert werden, bevor sie das erste Mal in die Kirche gehen oder als Kleinkinder zum Gottesdienstbesuch angeleitet werden. Ehrfürchtiges Flüstern ist natürlich erlaubt, aber Herumrennen oder lautes Rufen, so sehr ein hoher Kirchenraum dazu auch verlocken mag, sind wirklich nicht drin. Auch während der Gottesdienste, zu denen natürlich immer auch kleine Kinder mitgebracht werden dürfen, müssen Eltern ein wenig sensibel sein. Wenn Babygeschrei andauert, das Zweijährige partout nicht mehr hören will, wie die Leute singen – und das mehrfach lautstark verkündet – dann ist Zeit zum Rückzug. Man kann ja wieder hereinkommen, wenn sich die Lage beruhigt hat.

Mit dem Friedhof ist es so ähnlich wie mit den Kirchen. Auch hier ist lautes Geschrei oder Toben nicht erlaubt. Als die Kinder von Familie März noch Säuglinge waren, sind die Eltern häufiger mit ihnen über den Friedhof spaziert – weil dort so herrliche Ruhe herrschte. Nicht umsonst erinnern Schilder daran, dass dort Fahrrad fahren oder Ball spielen verboten ist. Denn der Friedhof ist ein Ort des Rückzugs. Trauernde, die die Gräber ihrer Lieben besuchen, brauchen diese Möglichkeit, um Zwiesprache mit ihren Angehörigen halten zu können.

Führungen für Kinder über Friedhöfe werden immer beliebter. Bei dieser Gelegenheit lernen sie diesen Ort und seinen Zweck ganz gut kennen. In den Tagen vor Allerheiligen am 1. November herrscht auf den Friedhöfen insbesondere auf dem Land eine gewisse Betriebsamkeit. Die Gräber werden winterfest gemacht und zum Feiertag geschmückt, die Grablaternen bekommen neue Kerzen. Wer den Friedhof in der Dämmerung besucht, wenn die Kerzen schon leuchten, erlebt eine sehr besondere, etwas eigenartige Stimmung, die Stille ganz positiv wirken lässt. Sehr empfehlenswert, dies einmal mit Kindern zu machen.

Während es in Bibliotheken, Kirchen und Friedhöfen um Rücksichtnahme auf Menschen geht, haben die Förster anderes im Sinn, wenn sie Waldspaziergänger um Ruhe und Rücksichtnahme bitten. Die vierjährige Elisabeth rief ihre großen Brüder, die durchs Unterholz toben wollten, zur Ordnung. „Psst, die Rehlein schlafen!", flüsterte sie so laut wie möglich. Da hat sie Recht. Tagsüber schläft oder ruht das Niederwild, und wer die Wege verlässt, schreckt es unnötig auf. Insbesondere im Frühling und im Sommer – während der so genannten Brut- und Setzzeit – ist Rücksichtnahme auf Wildtiere angesagt. Deshalb sollen auch Hunde angeleint bleiben und Katzen in Siedlungen, die nahe am Wald liegen, während dieser Zeit im Haus gehalten werden. Wie wichtig Rücksichtnahme für die Arterhaltung ist, zeigt das Beispiel des Birkhuhns, das im Naturpark Hohes Venn (Eifel und Ardennen) brütet. Sein Bestand geht unaufhaltsam zurück. Da es sehr scheu ist, flattert es bei der geringsten Störung auf und verbrennt dabei mehr Kalorien, als es durch seine tägliche Nahrung aufnehmen kann. Selbst sanfter Tourismus kann diese Entwicklung wohl nicht aufhalten.

Wie lange dauert es noch?

Das Warten beim Arzt ist für Kinder erst mal kein Problem. Schließlich gibt es in den meisten Wartezimmern Spielzeug oder Bücher zur Ablenkung. Manchmal dauert die Warterei aber doch zu lange. Auch wenn es so ist – der kleine Tobias kann leider nicht rücklings auf dem Stuhl sitzend, ein Motorradrennen imitieren. Die anderen Leute sitzen meist deshalb im Wartezimmer, weil es ihnen nicht gut geht. Sie brauchen Ruhe, und deshalb müssen hier auch Kinder Rücksicht nehmen. Man kann sich also erkundigen, wie lange es noch dauert, bis der Arzt Zeit hat oder bittet darum, vorgelassen zu werden.

Achtung: hier privat

Der Internet-Buchversand speichert über Jahre, welche Bücher Sie schon gekauft haben, um Ihr Käuferprofil zu erstellen. Ebenso kann der Billigflieger genau nachvollziehen, welche Ziele Sie in den letzten Jahren angeflogen haben und bietet Ihnen die passenden Ferienreisen an. Die einen begreifen das als Service, die anderen fürchten um ihre Privatsphäre und haben Angst vor dem „gläsernen Bürger". Datenschützer schlagen immer häufiger Alarm angesichts der Datenflut, die wir tagtäglich auch für die hinterlassen, die eigentlich gar nichts angeht, was wir so machen.

Dennoch legen die meisten Menschen auf einen abgeschirmten, persönlichen Bereich großen Wert. Sie reagieren empfindlich, wenn (unsichtbare) Grenzen übertreten werden. Diese werden in den Familien unterschiedlich eng gezogen. Deshalb sollte sich der Zwölfjährige nicht ohne zu fragen am Kühlschrank des Schulfreundes bedienen, weil das bei ihm zuhause auch jeder darf. Wer hungrig ist, fragt eben höflich nach einem Jogurt, einer Banane, einem Butterbrot.

Mein und Dein

Wenig Pardon kennen auch die meisten, wenn es um persönliches Eigentum geht. Mein und Dein unterscheiden lernen, ist deshalb ein wichtiges Erziehungsziel. Kleine Kinder stibitzen gerne mal etwas, weil es ihnen so gut gefällt oder sie noch nicht wissen, das man nicht einfach etwas mitnehmen darf. Ihnen kann man erklären, dass Niklas ganz traurig ohne seinen Glitzerstein ist oder Marie ohne ihr Minischaf wirklich nicht einschlafen kann. Kindergartenkinder wissen schon gut, was Eigentum bedeutet. Aber auch sie brauchen noch Anleitung. Mit ihnen kann man diese Regel vereinbaren: Nimm nie etwas mit, ohne zu fragen, ob du das auch darfst. Das gilt bei Besuchen in fremden Haushalten genauso wie auch für das Spielzeug von Geschwistern. Eltern müssen sich natürlich ebenfalls an diese Regel halten. Auch wenn es sehr verlockend ist, ein paar von den vielen Kuscheltieren einem wohltätigen Zweck zuzuführen – Sie müssen das mit Ihrem Kind besprechen und sein Eigentum respektieren. Spätestens im Grundschulalter ist es ja auch bereit, sich einmal von etwas zu trennen.

Apropos Spielzeug. Der achtjährige Mike ist schon heute ein begeisterter Basketballer. Eifrig trainiert er auf der Straße, ein paar Häuser von seiner Wohnung entfernt. Er lässt sich aber auch gern ablenken und vergisst schon mal, seinen Basketball mit ins Haus zu nehmen, wenn er sich anderen Spielen zuwendet. Eines Tages ist der Ball spurlos verschwunden. Na kein Wunder, warum lässt er auch immer alles liegen. Eines Tages trifft er den etwas älteren Nachbarsjungen Torben. Dieser spielt mit seinem Ball. Es ist seiner, das weiß er genau, denn er hat ihn mal auf Anraten seiner Eltern markiert. Torben aber denkt gar nicht daran, ihm den Ball zurückzugeben. Schließlich lag der Ball da so rum und dann kann er ihn auch mitnehmen. Da irrt Torben. Grundsätzlich müssen Fundsachen, die mehr wert sind als 10,00 Euro, sogar beim nächsten Fundbüro abgegeben werden. Nun wirkt das bei einem Ball übertrieben und erst recht kann man wohl kaum von einem Kind erwarten, dass es zum Fundbüro trabt. Abgesehen davon, dass Eltern dann diese Aufgabe übernehmen müssten, und gute Bälle tatsächlich mehr als 10,00 Euro kosten: Torben weiß ja nun, dass Mike einen Basketball sein eigen nennt und ihn offensichtlich vermisst. Ehrensache eigentlich, dass er ihn nun zurückgibt.

Was sollen Kinder tun, wenn sie eine Mütze, einen einzelnen Handschuh oder Turnschuh im Sandkasten finden? Natürlich nicht mitnehmen. Der Eigentümer wird hoffentlich dort danach suchen. Damit die Gegenstände aber nicht von Tieren verschleppt oder verbuddelt werden, hängt man sie gut sichtbar auf den nächsten Zaunpfahl.

Kramen verboten

Das Briefgeheimnis verbietet das Öffnen und Lesen von Post. Diskretion gilt auch für E-Mails, SMS, Tagebücher. Nun mag es keine Rechtsverletzung sein, wenn besorgte Eltern diese lesen. Sie trösten sich bei ihrem Übergriff mit dem Gedanken, dass sie wissen möchten, was ihre Kinder bewegt. Trotzdem gibt es nur ganz, ganz wenige Ausnahmen, wo dieser Vertrauensbruch evtl. zu rechtfertigen wäre. Das beste ist daher, die Charakterfestigkeit von Familienmitgliedern gar nicht erst auf die Probe zu stellen. Offen herumliegende Post ist nun mal sehr verführerisch. Für ganz Privates ist eine hübsche Schatzkiste, die abschließbare Schublade oder das Geheimfach im Schrank genau das Richtige.

In vielen Grundschulklassen, aber auch in den unteren Klassen der weiterführenden Schulen, passiert es immer wieder: Jemand hat während der Pause im Mäppchen gekramt, den Radierer geklaut, Klebstoff reingeschüttet oder einfach das Butterbrot aufgegessen. Das ist kein Scherz, sondern eine Gemeinheit und als solche soll sie auch bezeichnet werden! Genauso wie es auch nicht angeht, andere Kinder aufs Klo zu verfolgen oder sie zu hänseln, wenn sich beim Umziehen zum Sportunterricht herausstellt, dass es nicht die gerade angesagte Unterhosenmarke trägt.

Bitte nicht stören

Es ist auch nötig zu lernen, wann man stört. Klare Sache, dass Jonas zum Flöte üben Ruhe braucht. Seine Schwester Hannah darf deshalb nicht – auch nicht ganz, ganz leise – in sein Zimmer schleichen und in den Hörkassetten kramen.

Wann stört man, wann nicht? Dazu braucht es natürlich auch Signale vom Gegenüber. Beispiel telefonieren. Da kann man sich durch Zeichensprache verständigen. Den Finger auf den Mund legen, heißt: „Ich kann jetzt nicht mit dir reden. Mit einer Geste heranwinken bedeutet: „Du kannst ruhig da bleiben/hereinkommen, es dauert nur noch ein Momentchen." Dann muss man aber auch wirklich schnell Schluss machen, denn den anderen daraufhin noch weiter warten zu lassen, wäre nicht besonders rücksichtsvoll.

Herr Dürr arbeitet freiberuflich und hat sein Büro im Wohnhaus. Deshalb ist er für seine Kinder, wenn es wirklich wichtig ist, jederzeit ansprechbar. Oberstes Gebot für die Kinder ist trotzdem, nicht in ein Telefonat hineinzuplatzen. Seine Kinder Elena und Tobias wissen, dass er – erscheinen sie in der Zimmertür – sich ihnen widmen wird, sobald das Telefonat beendet ist. Seit die Kinder schreiben können, notieren sie manche Frage auch auf einem Zettel. „Darf ich zu Corinna gehen?", steht da zum Beispiel und darunter mit Kästchen zum Ankreuzen Ja oder Nein. Dieselbe Frage durch die Wohnung gebrüllt, beantwortet Herr Dürr konsequent nicht.

Manchmal wollen sich Menschen in Ruhe unterhalten. Das merkt man daran, dass sie dicht zusammensitzen. Sie sind so vertieft in ihr Gespräch, dass sie Neuhinzukommende kaum bemerken. Da wäre es schon grob unhöflich, sich einfach dazu zu setzen. Ähnlich ist es beim Spielen. Beim Ritter- oder Pippi Langstrumpf-Spielen wäre man ja gerne dabei. Aber es ist erst mal kein Dazwischenkommen. Das wird sich ändern – hat man nur ein bisschen Geduld, guckt erst mal zu und ergreift dann flink die nächste Gelegenheit, sich ins Spiel einzuklinken. Das können Kinder sehr gut.

Wenn die Zimmertür der Schwester verschlossen ist, dann ist das eine eindeutige Botschaft: „Hier halt bitte!" Also immer anklopfen, bevor man eintritt und auf ein „Kannst reinkommen" warten. Wer gar niemand sehen will, macht es wie die Erstklässlerin Lina. Sie hatte, kaum das Alphabet gelernt, ein knallrotes Schild aufgehängt. Darauf stand mit fetter Schrift: „Bedreden ferboten!!" Damit es auch der kleine Bruder verstand, hat sie gleich noch einen gruseligen Totenkopf dahinter gemalt. Übrigens auch ein Hinweis für Eltern, die sich natürlich ebenfalls an die Anklopf-Regel halten müssen. Lina signalisiert: Ich will allein sein. Eltern können sich so allmählich an den Gedanken gewöhnen, dass Zeiten kommen werden, da man die Teenies, die doch als Kleinkinder anhänglich waren, nur sieht, wenn sie Hunger haben.

Was man besser alleine tut

Unter Intimsphäre wird durchaus sehr Unterschiedliches verstanden. Der eine findet überhaupt nichts dabei, auf der Toilette sitzend zu telefonieren. Dem Gesprächspartner am anderen Ende der Leitung wird schon übel bei dem Gedanken daran, was gerade wohl passieren könnte, während man die neuesten Urlaubspläne bekakelt. Für die Empfindlichkeiten der lieben Mitmenschen gilt es also ein Gespür zu entwickeln, und manche Sachen macht man deshalb also besser erst gar nicht in Gegenwart anderer: Fußnägel vor dem Fernseher schneiden, verrutschte Unterhosen oder -hemden sortieren und dafür ungeniert die Jeans herunterlassen, dem Nachbarn am Strand oder im Schwimmbad beim Umziehen den nackten Hintern präsentieren (an Italiens Stränden gibt es dafür sogar eine Geldbuße), Haare kämmen in der Küche. Aufs Nasepopeln kann man freundlich mit dem Witz „Wenn du oben angekommen bist, schick eine Postkarte" hinweisen und auch kleine Kinder können schon lernen, dass man zum Pipimachen – und nur, wenn es wirklich sehr dringend ist – möglichst hinter einem Busch verschwindet. Kinder sollten in fremden Haushalten fragen, auf welche Toilette sie gehen können (in manchen Familien ist dafür das Badezimmer nämlich nicht vorgesehen) und die Tür dann auch tunlichst schließen. Zuhause kann, wer will, das ja anders halten.

Viele sprechen nicht so gerne darüber, obwohl es ein allgegenwärtiges Thema ist: die Sexualität. Noch nie ist der Intimbereich so öffentlich zur Schau gestellt worden wie heute. Eher machen aber Zettelchen mit kleinen Schweinereien oder sexistischen Liedchen bei Sechstklässlern die Runde, als dass sie ohne albern zu lachen oder rot zu werden über das sprechen können, was sie doch eigentlich so brennend interessiert: die Beziehungen zwischen Mann und Frau. So mancher Vierjähriger hat damit nichts am Hut. In Marvins Familie ist legendär wie er auf die etwas umständlichen Erklärungen seiner Mutter, wie denn nun ein Kind entsteht, antwortete. Er hörte sich alles interessiert an, legte dann den Kopf in den Nacken und fragte: „Mama, das glaub ich nicht. Das will ich sehen. Kann ich mal zugucken, wie du und Papa das machen?"

Marvin geht sozusagen noch mit wissenschaftlicher Neugier ans Thema heran und dazu passt auch, dass Kinder ihren Körper erforschen – Doktorspiele sind Teil der kindlichen Entwicklung. Was aber tun, wenn ein Kind ausdauernd in Gegenwart anderer mit „sich" spielt? Hier könnten Sie erklären, dass sein Körper dem Kind ganz alleine gehört und sehr privat ist. Andere möchten also vielleicht gar nicht so genau Bescheid wissen und genieren sich beim Zuschauen. Umgekehrt heißt das für Eltern auch, peinlichen Situationen vorzubeugen. Kinder brauchen nicht ins Liebesstündchen hineinzuplatzen. Natürlich sollen sie auch erleben, dass sich die Eltern lieb haben und sehen, wie sie sich zärtlich umarmen oder einen Kuss geben. Alles weitere gehört hinter die Schlafzimmertür. Diesen Tipp kann man auch den Noch-nicht-Pubertierenden mitgeben, denn einmal vom Rausch der Hormone erfasst, sind ihnen die Umstehenden im Wartehäuschen an der Bushaltestelle im Zweifelsfall egal. Da ist es gut, wenn vorher schon eine kleine Bremse im Kopf installiert wurde.

Fairplay: Üben fürs Leben

Darius spielt begeistert Basketball im Verein. In der Schule hingegen bevorzugt er Volleyball. Seine Begründung: Da bleiben die Teams in ihrem Feld und die Verletzungsgefahr ist nicht so groß. Der Sportunterricht, Übungsfeld schlechthin für Fairplay, Teamgeist und körperliche Ertüchtigung, eine Gefahr für körperliche Unversehrtheit? Da möchte man die Stirn runzeln. Aber im Sport kochen nun mal die Leidenschaften hoch, da sind die Kinder engagiert, motiviert und leistungsbereit und es kommen auch Verletzungen vor. Erwachsene erweisen sich hier auch nicht immer als Vorbild, wie die Meldungen über abgebrochene Spiele im Kinder- und Jugendfußball belegen. Da stürmen selbst Eltern das Spielfeld. Auch die Profi-Fußballer sind oft kein Musterbeispiel für faires Verhalten. Wie wirkt das wohl auf Kinder, wenn sie sehen, wie sich ein Spieler nach einem angeblichen Foul vor Schmerzen auf dem Spielfeld krümmt und – kaum hat der

Schiedsrichter einen Freistoß oder noch besser einen Elfmeter angeordnet – wie von Zauberhand geheilt übers Spielfeld sprintet?

Das Team als Schule fürs Leben

Als Bambini beginnen viele Kinder schon mit fünf oder sechs Jahren einen Mannschaftssport. Eltern begleiten ihre Kinder meist, sind stolz auf ihre Sprösslinge, die so richtig gut „nach vorn" gehen. Unsportliches Verhalten sollte dennoch auf jeden Fall kommentiert werden, denn selbstverständlich ist nicht erlaubt: treten, kratzen, beißen, schubsen, einander übel beschimpfen, Sicherheitsregeln missachten, im Team zu egoistisch spielen und sich als der Star aufführen. Wer foult, entschuldigt sich beim Gegner, die Entscheidungen des Schiedsrichters werden akzeptiert. Geht nicht? Doch geht, nämlich dann wenn der Ehrgeiz nicht das verdeckt, was den Sport so schön macht: Das Team macht den Erfolg!

Für Erwachsene besteht also die Herausforderung darin, auch über den Sport die Kinder zu Teamplayern, also zu Menschen zu erziehen, die sich für den Erfolg einsetzen und sich auf andere einstellen können oder wissen, was ein Team bewirken kann. So lernen sie verschiedene Rollen einzunehmen, zum Beispiel als Spielmacherin, als Unterstützer und wenn sie denn mal auf der Bank sitzen auch als wohlwollende Zuschauer. Rollen, die sie immer wieder in ganz verschiedenen Lebensbezügen einnehmen werden.

Spielregeln bieten den Orientierungsrahmen und helfen, sich in Toleranz zu üben. Zum Beispiel auch dann, wenn die Entscheidung der Schiedsrichterin wirklich ganz und gar nicht nachzuvollziehen ist.

Der Berliner Professor für Schulpädagogik Jörg Ramseger hat übrigens beobachtet, dass Kinder schon im Kindergarten das erlernen können, was sie auch fürs Fairplay im Sport brauchen: Verteilen von Aufgaben, Vorhaben im Detail aushandeln und Bilanz zu ziehen. In der Grundschule neige man jedoch dazu, diese „Vorarbeit aus Kindergarten oder Familie zu unterschätzen" (Spielen und Lernen, 10/2007, S. 31).

Noch ein kurzer Ausflug auf die Stehplatztribüne des Fußballstadions. Der Kabarettist Manfred Hammers hat es mal schön auf den Punkt gebracht: „Hier bin ich Fan, hier bin ich Schwein!" Verwundert könnte man sich die Augen reiben, wenn sich im Stadion die seriösesten Menschen in ziemlich pöbelnde Zeitgenossen verwandeln. Unter diesem Gesichtspunkt betrachtet, muss man in Sachen Benimm Abstriche machen. Das Fluchen gehört nun mal dazu, ebenso wie manche Sprechgesänge, die nicht immer jugendfrei sind. Da verwandelt sich ein braver Familienvater in ein tobendes, Kraftausdrücke schreiendes Rumpelstilzchen. Nach dem Abpfiff geht er natürlich ganz gesittet aus dem Stadion, im Schlepptau Sohn und Tochter.

Allerdings sollte genau überlegt sein, was man seinen Kindern sagt, wenn sie sehr zu Recht auf den Widerspruch hinweisen zwischen dem, was sie im Stadion erleben und zuhause dürfen, zum Beispiel in Sachen Fluchen. Was hilft noch? In jedem Stadion gibt es Kinder- und Jugendblöcke und man muss sich ja nicht in den Block mit den ganz eingefleischten Fans stellen.

Rassismus hingegen sollte keine Chance haben. Viele Fanprojekte gegen Rassismus zeigen, dass rassistisches Verhalten von den Organisatoren absolut unerwünscht ist. Im Profifußball haben diese auch deutliche Erfolge zu verzeichnen. Untersuchungen zeigen aber, dass sich die Szene nun in den Jugend- und Amateurbereich verlagert hat, und die Ausschreitungen zugenommen haben, weshalb selbst Kinderturniere immer wieder abgebrochen werden müssen. Rassismus äußert sich verdeckter als früher, hat der Sportsoziologe Gunter A. Pilz beobachtet. Schwarze Spieler müssten mehr

Leistung für gleiche Anerkennung bringen. „Der aus Afrika hat das Tor gemacht, heißt es dann" wird der Wissenschaftler in der Zeitung zitiert.

Von A nach B unterwegs

Kindergartenkinder und Schulkinder tragen ihn noch stolz mit sich herum: den Fußgängerführerschein oder später auch den Fahrradführerschein. Auf Verkehrserziehung wird viel Wert gelegt und Eltern wird immer wieder eingeschärft, wie wichtig es ist, mit den Kindern den Schulweg einzuüben und sich selbst an Verkehrsregeln zu halten.

Deshalb geht es hier jetzt auch mehr um den Benimm hinter den Regeln, die sich um Verkehrssicherheit drehen. Dass es daran allenthalben mangelt, zeigt Venedigs Versuch, den Touristen Manieren beizubringen. Kein Picknick mehr auf dem Markus-Platz, nicht mit nacktem Oberkörper die Stadt erobern und kein kleines Nickerchen auf den Stufen zur nächsten Gasse machen – wer sich das traut, muss mit einer saftigen Geldbuße rechnen. Ausfindig gemacht werden die Sünder von einer städtischen, wenngleich ehrenamtlichen Benimm-Polizei, wie Spiegel-Online berichtet.

Abgesehen vom nackten Oberkörper, der hierzulande nur an außergewöhnlich heißen Tagen zu betrachten ist, gibt es bei uns mehr als genug Venedig. Wer sich als Fußgänger darüber beschwert, dass Inline-Skater in einem Affenzahn um einen herum rasen, wird meist einfach überhört (schließlich braucht man ja auch unbedingt noch die Musik im Ohr und ist daher kaum ansprechbar). Im Wartehäuschen liegt der Abfall neben dem Papierkorb, der Fahrplan ist kaum zu lesen, weil irgendein Narr schnell einen coolen Aufkleber aufgepappt hat. Nicht zu reden von den unappetitlichen Hundehaufen, die viele Wege verunzieren oder gleich im Sandkasten auf dem Spielplatz landen (hier müssen sich allerdings in erster Linie die Erwachsenen angesprochen fühlen).

Der öffentliche Raum gehört allen, und weil das so ist, fühlen sich viele gleich gar nicht erst verantwortlich dafür. Das kann man gut beobachten, sobald die Leerungstermine für Leergut- oder Papiercontainer heranrücken. Schon Tage vorher stapeln sich auf und neben letzterem Kartons, flattern Papierschnipsel umher und manche Zeitgenossen stellen gleich ihren ganzen Müll daneben. Kurz: Es sieht schlimmer aus als auf einer Mülldeponie. Jede Stadtverwaltung kann eine Rechnung darüber aufmachen, wie viel Kosten der wilde Müll verursacht. So kostete die Stadt Köln zum Beispiel die Reinigung der Einkaufsmeile Hohe Straße von plattgetretenem Kaugummi schon vor Jahren 10.000 Euro im Jahr.

Abfallkörbe sind dazu da, benutzt zu werden. Wenn Kinder keine Lust haben, ihr Kaugummipapierchen oder die Brötchentüte zu entsorgen, macht man halt schnell einen Wettlauf dorthin oder spielt eine Runde „Ich sehe was, was du nicht siehst – und wer zuerst dort ist, hat gewonnen". Sehr zu empfehlen, ist auch die Beteiligung an Müllsammelaktionen im Wald oder im Wohnviertel. Erwachsene wie Kinder, die ihren Müll trotzdem in die Landschaft werfen, darf man ruhig darauf ansprechen und darum bitten, den nächsten Abfallkorb zu benutzen. Mag sein, dass mancher Zeitgenosse unfreundlich reagiert. Den meisten Leuten ist es aber peinlich, darauf angesprochen zu werden, auch wenn sie es nicht zugeben, und das darf schamlos ausgenutzt werden.

Das Fußgänger-Einmaleins

Wie kommt man sicher von A nach B? Generell gilt für Fußgänger wie auch sonst im Straßenverkehr: Rechts gehen, wer von oben kommt, hält im Zweifelsfall an, um den von unten Kommenden vorzulassen. Ist zum Beispiel eine Treppe richtig eng, haben diejenigen, die heraufkommen, auf jeden Fall Vortritt.

Fußgänger und Fahrradfahrer müssen sich häufig einen Weg teilen. Wer zu Fuß geht, beachtet deshalb die Markierungen, Fahrradfahrer rasen nicht im Affenzahn über die schmalen Wege und haben selbstverständlich sowohl eine funktionierende Klingel als auch Licht am Fahrrad. In der verkehrten Richtung auf dem Fahrradweg zu fahren, ist ohnehin verboten. Also bitte nicht, selbst wenn es noch so bequem wäre, denn so werden Unfälle vorprogrammiert. Vorsicht ist auch angezeigt, wenn auf dem Weg Haus- und Toreinfahrten liegen. Vorausschauend fahren hilft, den Zusammenstoß zu vermeiden. Das heißt auch, ein paar Minuten mehr für den Schulweg einzukalkulieren und nicht auf den letzten Drücker loszufahren. Wenn dann noch ein paar Erwachsene mehr einen Helm beim Fahrrad fahren tragen würden, hätten auch die größeren Kinder, die spätestens ab zwölf gerne ihren Helm vergessen oder praktischerweise gleich ganz verlieren, mehr gute Vorbilder im Straßenverkehr.

Viele Kinder verabreden sich für den Weg zur Schule. Fröhlich herumalbernd, kommt dann schon mal eines vom Bürgersteig ab, was wegen des morgendlichen Berufsverkehrs richtig gefährlich werden kann. Schubsen und drängeln, auch wenn es gar nicht bös gemeint ist, ist also verboten. Ohnehin versperren allzu große Gruppen ja auch den Gehweg für Entgegenkommende. Im Gehen telefonieren oder simsen ist auch keine gute Idee – schnell hat man mal einen höflich klingelnden Radfahrer überhört oder rennt gegen einen Laternenpfahl.

Im Bus und in der Bahn

Das Thema „überfüllte Schulbusse" bewegt meist nur zu Schuljahresbeginn die Gemüter der Erwachsenen. Die Kinder nehmen es meist gelassen, auch wenn sie sich selbst oft mehr Rücksichtnahme wünschten. Insbesondere die Jüngeren müssen lernen, dass sie gar nichts zu sagen haben und sind froh, wenn sie wenigstens noch in den Bus einsteigen können. Da könnten die Älteren vielleicht doch gelegentlich ihren Platz räumen. Völlig indiskutabel ist es auch, die Schuhe auf den Sitz zu legen, den Notfallhammer zu klauen und seelenruhig sitzen zu bleiben, wenn kranke Menschen oder schwangere Frauen in einen vollbesetzten Bus steigen. Andere Kinder aus dem Bus zu drängen oder sie am Einsteigen zu hindern, ist ebenfalls eine grobe Unart und kein Spaß.

In den meisten Bussen hängt nicht ohne Grund ein Piktogramm, das bedeutet: Hier drin ist Eis essen verboten. Die Gründe liegen auf der Hand. Wenn es eng wird, hat der Nebenstehende schnell einen Fleck am Kragen, herabtropfendes Eis ist sogar regelrecht gefährlich, weil der Schmier zur Rutschbahn werden kann. Wer seinen Döner, die Pommes, Currywurst oder Pizzaschnitte mit in Bus oder Bahn nimmt, ist nicht weniger rücksichtslos. Wer sitzt schon gern im Essensgeruch oder läuft Gefahr, sich einen Fettfleck zu holen, weil eine heruntergefallene Pommes am Sitz klebt, möglichst noch mit Mayonnaise verziert. Essen hat in öffentlichen Verkehrsmitteln nichts zu suchen, und Kinder verhungern in unseren Breitengraden nicht, wenn sie sich mal ein wenig gedulden müssen. Übrigens ist das eine Ansicht, die die Deutsche Bahn ganz offensichtlich nicht teilt. Im ICE liegen in den 1. Klasse-Abteilen Prospekte aus, die mit den Worten „Ihr Service am Platz in der 1. Klasse" für Curry-Wurst, herzhafte Gulaschsuppe oder Nürnberger Rostbratwürstchen werben.

So geh ich nicht mit dir

Über Geschmack kann man nicht streiten, sagt man. Wenn also die Vierjährige mitten im Winter als leicht bekleidete Fee in den Kindergarten gehen will, dann konzentriert man sich noch darauf, sie zu überreden, wenigstens für den Weg dorthin die warme Jacke überzuziehen. Kinder leben schließlich in ihrer eigenen Welt und müssen sich erproben können. Die richtigen Konflikte fangen meist erst an, wenn die Kinder schon größer sind. Kommt Ihnen das bekannt vor? Alle haben die coolen, aber unpraktischen Tuchschuhe, es gibt wirklich überhaupt gar keine schönen T-Shirts ohne Totenkopf, und Marie färbt sich schon die Haare seit sie acht ist. Die beste Methode, sich gegen das Kleidungsdiktat der Mutter zu stemmen, ist passiver Widerstand. Nein wirklich, nicht eine einzige von den mindestens 60 Hosen, die in Größe 176 im Kaufhaus auf dem Kleiderständer hängen, passt. Da war Marco 12. Schweren Herzens und zugleich erleichtert, hat Marcos Mutter, Frau Bayer, es irgendwann aufgegeben. Jetzt geht der mittlerweile Fünfzehnjährige alleine los, ausgerüstet mit guten Ratschlägen und einem Kleidergeld, das genau eingeteilt ist. Umso erstaunter war Frau Bayer, als sich ihr Ältester ohne großes Federlesen, ja sogar mit einer gewissen Begeisterung, mit der Omi innerhalb einer Stunde einen dreiteiligen Anzug kaufte. Dazu gab es natürlich auch die passende Schuhe aus dunklem Leder. Marco hat ziemlich genau verstanden, worum es seiner Großmutter ging, als sie sich zur Goldhochzeit einen Enkel ohne Turnschuhe und Schlabberhosen wünschte. Für diesen Anlass nahm er gern mal Rücksicht und stellte bei der Gelegenheit auch gleich fest: Ein solcher Anzug hat was.

Kleidung unterstreicht die Persönlichkeit, betont eine gewisse Geisteshaltung, man braucht sie für die Clique und sie ist Mittel zum Ausprobieren und zum Auffallen. Das ist so bei Erwachsenen und das ist so bei Kindern und Jugendlichen. Einen allgemein gültigen Kleidercode fürs Alltagsleben gibt es heutzutage deshalb nicht mehr. Und ein Verbot der superweiten Baggy Pants, wie jüngst in einer amerikanischen Kleinstadt verhängt, wäre hierzulande undenkbar. Wohl aber bewegt die Gemüter, was angemessen ist oder nicht. So wie das Thema, ob „bauchfreies Top" in der Schule angebracht ist oder nicht. Entscheidend für die Kleiderfrage sind wohl am ehesten diese Punkte: Ist das Kleidungsstück sauber und in Ordnung (abgerissene Hosensäume sind in Ordnung – jedenfalls in einem bestimmten Alter), fühlt sich die Trägerin oder der Träger darin wohl, entspricht sie der Jahreszeit und dem Anlass? Um nochmals auf die Goldhochzeit zurückzukommen: Um da richtig gekleidet zu sein, oder auch im Theater oder Konzert, zur Kinderkommunion oder Konfirmation, braucht es ein wenig Gespür. In jeder Familie gelten andere Regeln. Und im Zweifelsfall kann man ja fragen, ob es eine Kleiderordnung gibt. Dann sollten auch die Kinder diese ihren Gastgebern zuliebe einhalten. Grundsätzlich können aber Kinder und Jugendliche ohne weiteres in Polo-Shirt bzw. Bluse in gedeckten Farben und brandneuer Jeans oder Tuchhose (Mädchen natürlich auch Kleid oder Rock) sowie ordentlicher Frisur und sauber gewienerten Turnschuhen zum festlichen Anlass erscheinen. Ein Feiertag ist eben auch ein Feiertag, weil man dann einmal ganz anders daher kommt als im Alltag.

Jung und alt

Mit etwas gutem Willen könnte man erste Anzeichen für eine Änderung sehen. Zumindest in der Werbung tauchen alte Menschen nicht mehr nur als gutmütige Omas und Opas auf, sondern als rüstige Konsumenten von Sportdrinks, Abführmitteln und Fernreisen. Die Alten werden als zahlungskräftige Käufer entdeckt und sind im Übrigen bald in der Mehrheit. Dennoch wird der Zeitgeist in Deutschland wohl vorerst auf jung programmiert bleiben. Nur wer jung ist, kann anscheinend beim heutigen Lebenstempo mithalten. Jugendlichkeit wird gleichgesetzt mit Dynamik, Schönheit, Lebensfreude, sie ist eine Art Götze der Gegenwart geworden, dem sich alles und jedes unterwirft. „Altwerden, ja schon Älterwerden ist zu einer Art Krankheit geworden, einer unheilbaren dazu, und muss mit aller Gewalt bekämpft werden", konstatiert Moritz Freiherr Knigge in seinen „Spielregeln" (M. F. Knigge, S. 309).

Alter sei schließlich kein Verdienst, hört man häufig, sondern ein Zustand. Na dann ist aber Jugendlichkeit auch kein Verdienst, oder? Im Gegenteil. Wer fünfzig, sechzig oder siebzig Jahre alt geworden ist, der hat, egal was er sonst vorzuweisen hat, gegenüber Jüngeren einen entscheidenden Vorteil. Er verfügt über einen großen Schatz an Lebenserfahrung. Wir meinen deshalb: Den Älteren gebührt Respekt, einfach deshalb, weil sie älter sind. Wenn wir selbst diese Haltung haben und leben, dann werden unsere Kinder sie früher oder später übernehmen. Auch die Frage, wer wem in der Bahn seinen Platz anbietet, hat sich dann erledigt. Es sollte selbstverständlich sein, dass Kinder älteren Menschen ihren Sitzplatz überlassen. Kleine nehmen wir deshalb einfach auf den Schoß, größere Kinder brauchen vielleicht anfangs noch einen Hinweis ihrer Eltern.

Sobald sie dazu in der Lage sind, sollten Kinder auch ihre Hilfe anbieten. Wer merkt, dass sich eine alte Dame mit dem Einsteigen schwer tut oder dass ein alter Herr nur mühsam in seinen Mantelärmel kommt, dem bricht kein Zacken aus der Krone, wenn er respektvoll fragt, ob er helfen kann. Natürlich müssen sich Kinder nicht von Senioren beschimpfen oder irgendwie anders schlecht behandeln lassen, aber wann kommt das wirklich einmal vor? In der Regel sind die Alten für Hilfe dankbar und der jungen Generation gegenüber aufgeschlossen. Kleine Kinder reagieren auf Gesprächsangebote älterer Menschen auch meist unbefangen und genießen den Kontakt. Größere sollten ermutigt werden, sich auf Seniorinnen und Senioren einzulassen. Von deren Humor, Gelassenheit und Lebensklugheit können sie nämlich sehr profitieren. Es ist deshalb auch kein Zufall, dass sich zwischen Großeltern und Enkelkindern oft besonders enge Bindungen entwickeln, und nicht wenige Erwachsene behaupten, die Oma oder der Opa sei eine der wichtigsten Personen in ihrem Leben gewesen.

Toleranz oder Die Kunst, andere zu nehmen wie sie sind

Frau Schneider sitzt in der Straßenbahn, auf der Bank gegenüber ihre kleine Tochter. Plötzlich bemerkt sie, wie Natalie langsam ihre Unterlippe weit vorschiebt und zurück, wieder vor und wieder zurück. Hin und wieder wirft die Kleine dabei einen raschen Blick auf den Fahrgast, der neben ihrer Mutter sitzt. Irritiert wendet sich Frau Schneider dem Sitznachbarn zu. Es ist ein erkennbar mongoloider junger Mann, der – anscheinend unwillkürlich – die Unterlippe stetig vor und zurück schiebt. Natalie hat das bemerkt und imitiert nun die Bewegungen des Behinderten. Frau Schneider ist das Verhalten ihrer Tochter unendlich peinlich, aber eigentlich braucht sie sich nicht zu schämen. Natalie wollte den jungen Mann weder veräppeln noch beleidigen. Mit ihren zwei Jahren hat sie noch keine Erfahrung im Umgang mit Behinderten und hegt deshalb auch keinerlei Vorurteile. Interessiert hat sie vielmehr das ungewöhnliche Verhalten des Mitreisenden beobachtet und es dann unbefangen selbst ausprobiert.

Wäre Natalie zwei, drei Jahre älter, könnte die Sache schon anders aussehen. Mit vier oder fünf hätte sie ihre unbefangene Toleranz gegenüber dem Andersartigen vielleicht schon aufgegeben und Ressentiments gegenüber Behinderten herausgebildet. Denn nicht nur Erwachsene haben Vorurteile, sondern auch kleine Kinder. Bereits im Vorschulalter verfügen sie über ein beachtliches Repertoire an vorgefassten Meinungen, wie die Arbeiten der Sozialpädagogin Petra Wagner belegen. Das ist für sich genommen nicht dramatisch, denn Vorurteile sind zunächst nichts anderes als Erklärungsmodelle für die Phänomene der Welt. „Alle Afrikaner können trommeln", „Die Chinesen essen Hunde" – solche Auffassungen mögen noch harmlos klingen. „Lotte kann nicht Ritter spielen. Sie ist ja bloß ein Mädchen" oder „Türken sprechen kein richtiges Deutsch" hingegen weniger. Vorurteile dieser Art schlagen leicht um in Intoleranz und die wiederum in Feindseligkeit.

Toleranz indes ist ein unverzichtbares Mittel zum friedlichen Umgang miteinander und beginnt da, wo wir bereit sind, die eigenen Ansichten in Frage zu stellen. Das bedeutet nicht, dass wir uns unserer eigenen Auffassungen schämen müssten und schon gar nicht unserer Traditionen und kulturellen Wurzeln. Im Gegenteil: Toleranz gründet sich auf Selbstbewusstsein. Nur wer sich seiner eigenen Werte bewusst ist und zu ihnen steht, der kann auch die der anderen gelten lassen. Toleranz heißt nicht nur Verschiedenheit hinnehmen, sondern ihr darüber hinaus mit Respekt begegnen. Denn wer weiß schon, was hinter der äußeren Erscheinung wirklich steckt? Der Mongoloide aus der Straßenbahn hat vielleicht eine künstlerische Begabung, wie sie Durchschnittsmenschen selten besitzen. Unter dem Kopftuch der jungen Frau von gegenüber verbirgt sich möglicherweise der Intellekt einer promovierten Politologin. Und die Nachbarfamilie vernachlässigt ihren Vorgarten womöglich nicht aus

Rücksichtslosigkeit, sondern weil ihr neben Beruf, Kindererziehung und der Pflege einer erkrankten Großmutter einfach keine Zeit dafür bleibt. Toleranz, also die anderen mit ihrem eigenen Wert gelten lassen, ist zunächst eine innere Haltung, aus der sich Handlungen – freundliche Zuwendung etwa – erst ergeben.

Wie aber erzieht man Kinder zu dieser Haltung? Hier wirkt, mehr noch als bei anderen Fragen des guten Benehmens, das Vorbild. Wenn Kinder erleben, dass ihre Eltern auch einem Bettler höflich antworten, dass sie den geistig behinderten Daniel ebenso ernst nehmen wie dessen gesunden Bruder, dass sie den mürrischen alten Herrn von nebenan ebenso freundlich grüßen wie die Arztfamilie drei Häuser weiter oder das junge Paar aus Polen, dann atmen sie den Geist der Toleranz ganz nebenbei ein. Vorausgesetzt allerdings die gezeigte Höflichkeit ist nicht nur schöner Schein, während am Abendbrottisch gnadenlos über die Nachbarschaft hergezogen wird. Gehässiger Tratsch hat keinen anderen Sinn, als sich bereits gehegte Vorurteile selbst zu bestätigen und sich der eigenen Überlegenheit zu vergewissern.

„Wer sich über andere erhebt, der hat es nötig." Diesen Satz hat Frau Schneider oft von ihrer Mutter gehört und erinnert sich an die Geburtstagsfeier ihrer älteren Tochter, die schon in die Grundschule geht. Ein bunt gemischtes Völkchen waren die Gäste gewesen und im Großen und Ganzen auch ein harmonisches. Nur als sie mitbekam, dass Janka und Sarah immer wieder hässliche Bemerkungen über Jelenas afrikanisches Kraushaar machten, hatte sie das Gefühl gehabt, einschreiten zu müssen. Unauffällig hatte sie die beiden zur Seite genommen und es war ihr tatsächlich gelungen, den Mädchen freundlich klar zu machen, wie verletzend ihre Bemerkungen für Jelena sein mussten. „Manchmal geht es halt nicht anders", denkt Frau Schneider, „da muss man klare Worte sprechen."

Kann ich helfen?

Ganz zum Schluss hat das Sterntalermädchen nur noch ein Hemdchen an und müsste eigentlich jämmerlich im dunklen Wald erfrieren. Seine Hilfsbereitschaft und sein Mitgefühl bewahren nicht nur andere vor Leid, es wird dafür schließlich auch belohnt. Im wahren Leben fallen zwar nicht die Sterne als Goldtaler vom Himmel, aber hilfsbereite Menschen bekommen viel zurück. Das will der elfjährige Hannes nicht gelten lassen. Er findet „Wäsche aufhängen" ist Kinderarbeit und die ist schließlich verboten, außerdem hat er doch schon den Tisch gedeckt, wohingegen die Schwester nur faul vor dem Fernseher hockt. Vorbei die Zeiten, als er als Vierjähriger begeistert Unkraut (und mehr) aus den Beeten rupfte, unbedingt die kostbaren Weingläser in die Küche tragen wollte und nach dem Essen eifrig fragte: „Was kann ich helfen?". Beide Verhaltensweisen sind völlig altersgerecht und jede auf ihre Weise auch anstrengend. Es braucht wirklich manchmal ein bisschen Geduld, um zusammen mit den kleinen eifrigen Helfern das Pensum an Hausarbeit zu erledigen, das man sich vorgenommen hat. Kleine Tricks sind dann auch erlaubt. Was gibt es Schöneres für ein Kindergartenkind als eine Tür mit Wasser und Seife zu schrubben oder mit einem Lappen jede einzelne Treppenstufe zu polieren?

Wenn ältere Kinder mit viel List das Helfen vermeiden, ist ebenfalls Beharrlichkeit gefragt. „Was sollte ich noch mal holen", fragt mit komischer Verzweiflung der zwölfjährige Moritz, der zum wiederholten Male aus dem Keller kommt, ohne das mitzubringen, worum er gebeten wurde. Seine Eltern sind daher beruhigt, wenn sie wenigstens gelegentlich sehen, dass ihre Bemühungen doch Früchte tragen: Sie beobachten, wie Moritz dem Nachbarskind die Schuhe zubindet, als es ihn darum bittet, und freuen sich darüber, dass er ungefragt seinen Großeltern hilft und ihren schweren Koffer zum Auto schleppt.

Beim Helfen helfen

Hilfsbereitschaft ist wichtig für unser Zusammenleben – gut einzuüben in der Familie. Das Zuhause ist kein Hotel und die Eltern brauchen Unterstützung bei der Hausarbeit, sonst wird die Zeit für familiäre Unternehmungen noch knapper als sie ohnehin schon ist. Eine Familie ist deshalb immer auch ein Team, in dem alle, je nach Alter und Können, Aufgaben zu erledigen haben. Je mehr ein Kind dies einübt, desto besser ist es auch gerüstet für das Leben außerhalb der eigenen vier Wände. Wer hilft, der hilft nicht nur – altmodisch gesprochen – seinem Nächsten, sondern profitiert auch selbst. Hilfsbereite Kinder erleben, dass sie etwas bewirken können, sie schulen ihre praktischen Fähigkeiten und können daraus eine schöne Portion Selbstbewusstsein entwickeln.

Grundvoraussetzung für Hilfsbereitschaft ist die Fähigkeit, Mitgefühl zu entwickeln. Wer jemals in einem Säuglingszimmer auf einer Neugeborenenstation eines Krankenhauses war, weiß, dass schon winzige Babys mitfühlen können, wenn sich andere nicht wohlfühlen. Beginnt eines zu schreien, dauert es nicht lange, bis es aus allen Bettchen quakt. Fachleute nennen das „angeborene Gefühlsansteckung". Schon sehr kleine Kinder also merken, wenn es anderen schlecht geht. Damit daraus Mitgefühl wird und Kinder daraus Konsequenzen ziehen, also handeln können, müssen sie sich selbst als Ich erleben und ihr Gegenüber als selbstständiges Wesen erkennen können. Dazu ist ein Menschenkind ab dem dritten Lebensjahr bereit. Es muss dazu allerdings selbst die positive Erfahrung gemacht haben, dass seine Hilferufe, Sorgen, aber auch seine Freudenäußerungen beantwortet werden. Nur dann ist es auch fähig, andere zu trösten oder ihnen zu helfen.

Eltern können Hilfsbereitschaft so unterstützen: beim Helfen helfen, wenn also etwas noch nicht so gut gelingt; Hilfsangebote annehmen (auch dann, wenn man noch vom letzten Mal das Klirren der Tortenplatte mit Geburtstagserdbeerkuchen im Ohr hat); zugeben, wenn es einem selbst einmal nicht so gut geht und man Unterstützung brauchen kann; miteinander darüber sprechen, ob und welche Hilfe zum Beispiel die kranke Schulfreundin benötigen könnte.

Kinder brauchen auch Aufgaben, die sie fordern und die sie selbstständig erledigen können. Sie haben es nicht gern, nur Hilfsdiener zu sein. Dann kann man sich freuen, wenn der inzwischen zum Computerexperten herangewachsene Sechzehnjährige großzügig sagt: „Ist doch selbstverständlich dass ich dir helfe. Aber Mama, du musst dir wirklich was für die Zeit überlegen, wenn ich mal aus dem Haus bin. Ich kann ja nicht jedes Mal vorbeikommen, wenn du was nicht weißt."

Das machen aber alle so

Zum Schluss dieses Kapitels noch ein paar Überlegungen zum Thema „Das machen aber alle so!". Im Umkehrschluss sagt ein Kind, wenn es dieses Argument für ein bestimmtes Verhalten heranzieht, ja nur „Da wäre ich ja der Einzige/die Einzige, die es anders macht." Spätestens in der Grundschulzeit beginnen die Kinder Gleichaltrige als Bezugspunkt für die eigene Entwicklung zu entdecken und sich an ihnen auszurichten. Wenn es um Kleidung oder andere Freizeitvergnügen geht, müssen Eltern wohl auch einmal nachgeben (es schadet aber nie nachzufragen, ob wirklich „alle" es so machen).

Kein Kind möchte sich ausschließen. Dafür nimmt es dann auch schon mal in Kauf, bei Rüpeleien kräftig mitzumischen, obwohl es sich das erstens allein niemals trauen würde und zweitens genau weiß, dass sie unanständig sind. Oder es guckt seelenruhig zu, als die Drittklässler Peter und Henry ihren Mitschüler Kevin an den Baum binden und kräftig anspucken.

Stark ist man eben nur – meinen die Kinder oft – zusammen mit anderen. Da ist ja auch was dran, und viele positive Beispiele in der Kinderliteratur romantisieren diese Vorstellung. Man denke an Kinderbuchklassiker wie Erich Kästners „Emil und die Detektive" oder Kurt Helds „Rote Zora", die auch im Kino oder Theater zu sehen sind, oder an die Kinderhelden von Enid Blyton und die „Pfefferkörner", die im öffentlich-rechtlichen Kinderfernsehen gemeinsam Verbrecher jagen. Das wirkliche Leben ist da doch komplizierter, weil Kinderfreundschaften und -zusammenhalt manchmal sehr fragil sind und eine Umgebung brauchen, die beides fördert.

Nur Mut – Zivilcourage lernen

Die Voraussetzung dafür, sich gegen andere zu stellen, ist ein gesundes Selbstbewusstsein und eine mutige Grundhaltung. Kleine Kinder müssen das Mutigsein noch trainieren und lernen, dass Angsthaben ganz normal ist, aber überwunden werden kann.

Wer kann am besten auf dem Mäuerchen balancieren, wer traut sich, mit dem Dreirad den etwas abschüssigen Weg hinunter zu fahren, wer kann von der Schaukel springen, obwohl sie noch ein bisschen schwingt, wer klingelt als erster beim Nachbarn beim Laternegehen an St. Martin? Diese ganz alltäglichen kleinen Herausforderungen stärken eine wichtige Fähigkeit der Kinder: Stolz auf sich zu sein und selbstbewusst neue, unbekannte Aufgaben zu meistern. Wer seine Kinder ermutigt, sich etwas zu trauen, legt einen wichtigen Grundstein dafür, dass sie eines Tages einmal entschieden für andere eintreten können. Wenn zum Beispiel ein Kind in der Klasse ständig geärgert und gepiesackt wird. Damit sie sagen können: „He, ich will das aber nicht. Das finde ich unfair!" oder „Hört auf damit, das ist gemein!" und „Das mache ich nicht mit!"

Das ist schwer und manchmal wird der Verteidiger selbst zum Opfer. Die elfjährige Annika wollte nicht mehr in die Schule gehen. Zuerst fühlte sie sich häufiger krank, dann sagte sie: „Ich habe Angst zur Schule zu gehen. Die anderen ärgern mich schon auf dem Schulweg." Was war passiert? Annika hatte ihrer Lehrerin davon berichtet, dass die russlanddeutsche Klassenkameradin Klara sich in den Pausen in der Toilette einschloss, um den Hänseleien ihrer Mitschülerinnen zu entgehen. Klara tat Annika Leid, und obwohl sie sich zunächst bei den anderen für das Mädchen einsetzte, hörten die Gemeinheiten nicht auf. Zu den Quälerinnen gehörten auch zwei ihrer Freundinnen, was sie besonders schlimm fand. Also schrieb sie ein Briefchen an die Klassenlehrerin, die sich in Gesprächen mit allen Beteiligten um eine Besserung bemühte. Der erste Erfolg war, dass Annika nun als Petze galt und mit in die Hänseleien einbezogen wurde. Erst nach weiteren Gesprächen konnte das Problem geklärt werden. Klara hat inzwischen mehr Anschluss in der Klasse, und Annika ist wieder gut mit ihren Freundinnen. Bei manchen gilt sie als mutig und wird deshalb häufiger bei Konflikten um Unterstützung gebeten. Auf dem auf die Ereignisse folgenden Zeugnis stand die Bemerkung: „Annika setzt sich häufig für ihre Mitschüler ein." Ob sie das besonders stolz macht? Jedenfalls hat sie erlebt, dass es sich lohnt, sich für andere stark zu machen.

Haltung zeigen und bewahren

Kinder haben, wenn sie entsprechend angeleitet werden, schon früh ein feines Empfinden für Ungerechtigkeiten und

Gemeinheiten. Es geht also darum, in ihnen zu verankern, wie wichtig die menschliche Würde ist und dass – egal wie einem der Mensch sonst gefällt – jedes Menschenkind etwas ganz Besonderes ist und nicht gequält oder gedemütigt werden darf. Auch dann, wenn alle anderen mitmachen. Sich selbstständig eine Meinung bilden und zur Not „gegen alle" zu stehen – das gehört zur Erziehung zur Zivilcourage dazu. Dazu müssen auch Eltern keine Helden sein. Aber ab und zu den Mund in der Öffentlichkeit aufmachen, wenn etwas schief läuft, auch wenn das den eigenen Kindern unangenehm ist (und das ist es älteren Kindern fast immer), das ist nötig. Außerdem sollte es in der Familie erlaubt sein zu diskutieren und etwas infrage zu stellen. Und damit sind nicht nur die Kinder gemeint. Die Petri-Kinder stöhnen immer auf, wenn ihre Eltern diesen Satz sagen: „Nur weil das alle richtig finden, heißt das noch lange nicht, dass es richtig ist!" Die Eltern Petri müssen selbst mitunter über diesen Satz lachen. Aber sie verzichten nicht darauf, weil sie der Ansicht sind, dass man sich unbedingt eine eigene Meinung bilden muss. Hinterfragen schadet nie, finden sie. Und sie sind auch bereit, dann doch etwas zu erlauben, was sie vielleicht zunächst abgelehnt haben. Sie lassen gut begründeten Widerspruch und Diskussionen zu. Wie sonst sollten sich junge Menschen eine Meinung bilden und lernen, zu ihr zu stehen?

Das ist ein langer Weg, und bis es soweit ist, kann man den Kindern anbieten: „Bleib mit deiner Beobachtung und deiner Sorge nicht allein. Komm zu mir, wenn du oder jemand anderes richtig schlecht behandelt wird. Wir überlegen gemeinsam, was zu tun ist." So hilft man Kindern, authentisch zu sein und für das einzutreten, was wichtig ist und Haltung zu bewahren.

Kapitel 5
Norbi isst Reis mit den Fingern

Nachdem wir uns auf ein Regelwerk sozialverträglichen Verhaltens verständigt haben, wollen wir noch einmal festhalten: Unser Wegweiser zum guten Benehmen umfasst in etwa das, was innerhalb der Grenzen unseres Landes für die meisten Menschen deutscher Herkunft stimmig ist. „In etwa" deshalb, weil durchaus nicht jede Leserin, jeder Leser in allen Punkten mit uns übereinstimmen wird. Je nach familiärer Tradition, sozialem Zusammenhang oder Landstrich wird das eine oder andere unterschiedlich gehandhabt. Darf ein Bayer beispielsweise seinen Kumpel am Biertisch gern mit einem deftigen Schulterklopfen begrüßen, so würde er einen Hamburger mit der gleichen Geste vermutlich eher erschrecken. Ein rheinischer Metzger spricht auch seine sechzigjährige Kundin charmant mit „junge Frau" an und verwickelt sie dann in ein Gespräch über Gott und die Welt. Sein mecklenburger Kollege hingegen wird sich eher sachlich nach ihren Wünschen erkundigen und darüber hinaus keine unnötigen Worte verschwenden.

Müssen wir solche Unterschiede schon innerhalb Deutschlands in Betracht ziehen, so liegt auf der Hand, dass die Differenz zwischen unserer Auffassung von guter Kinderstube und der anderer Kulturen um so größer wird, je weiter wir uns von der Mitte Europas entfernen. Jede Gesellschaft entwickelt ihre eigenen Sitten aus dem gleichen einfachen Grund: Um ein möglichst konfliktfreies Miteinander zu gewährleisten. Die Anstandsregeln einer Gesellschaft in – sagen wir Afrika – fußen allerdings möglicherweise auf gänzlich anderen Bedingungen und Traditionen als die unseren. Das könnte uns egal sein, solange die einen da und wir hier ohne Wissen voneinander in einem abgeschlossenen Zirkel blieben. Die Wirklichkeit indes sieht anders aus. Nicht nur der Kontakt zwischen Hamburgern und Bayern ist heute selbstverständlich. Menschen aus aller Herren Länder leben inzwischen mitten unter uns, und wir selbst reisen bis in die entlegensten Winkel der Erde. Die Berührung mit dem Fremden ist in der kleiner gewordenen Welt unvermeidlich. Und wieder ist gutes Benehmen das ideale Schmiermittel für ein friedliches Zusammenleben. Damit es funktioniert, sollten wir uns allerdings ein paar Dinge klar machen.

1. Es ist gut, uns unserer eigenen Werte bewusst zu sein. Wenn wir darüber nachdenken, wie wir zum Beispiel Gästen begegnen und was wir von ihnen erwarten, wird uns schnell klar, dass unsere Vorstellung von Höflichkeit kein Naturgesetz ist, sondern eine geschichtlich, kulturell und familiär geprägte Konvention. Wenn wir uns unserer eigenen Vorstellungen von Etikette bewusst sind, können wir uns zugleich anderen gegenüber verständlich machen. Wir können erklären, warum wir uns wie verhalten und auf diese Weise Missverständnisse vermeiden.
2. Wir sollten uns bemühen, die Werte der anderen kennen zu lernen. Auch das ist ein gutes Mittel, möglichen Fettnäpfchen aus dem Weg zu gehen.
3. Nie sollten wir unsere mitteleuropäischen Vorstellungen für am weitesten entwickelt und deshalb den anderen überlegen halten. Gerade dem Unbekannten gilt es mit Respekt und Toleranz zu begegnen.

Auf lange Sicht darf man wohl davon ausgehen, dass sich die Gesellschaften rund um den Globus allmählich annähern werden. Als Einbahnstraße in Richtung unserer so genannten westlichen Kultur darf man sich diesen Prozess allerdings nicht vorstellen, auch wenn die Tatsache, dass Fast-Food-Ketten heute schon amerikanische Esskultur in die entlegensten Winkel der Erde bringen, dies vermuten lässt. Statt dessen wird es sich eher um ein Geben und Nehmen handeln. Bevor es soweit ist, bleibt die Welt allerdings noch mit zahlreichen Fettnäpfchen gepflastert. Wenn wir die Begegnung mit dem Fremden jedoch mit Bedacht und Achtsamkeit angehen, innerhalb unserer Grenze ebenso wie außerhalb, dann kann sie zu einem spannenden Abenteuer und einer großen Bereicherung werden.

Bülent hat Geburtstag

„Bülent hat mich zum Geburtstag eingeladen", verkündete Henrik freudestrahlend und wedelte mit einem Zettel. „Liber Henrik", stand da, „koms du su meine Geburstag? An Freitag, drei ur." Diesen Text hatte Bülent, der mit Henrik in die zweite Klasse ging, ganz offensichtlich im Alleingang produziert. Frau Peters drehte das Papier hin und her. „Welchen Freitag meint Bülent denn?", fragte sie ihren Sohn. „Keine Ahnung", antwortete der. Die gleiche Antwort erhielt Frau Peters auch, als sie nach weiteren Dingen fragte, die man eigentlich wissen muss, wenn man zum Kindergeburtstag eingeladen ist. Wie alt wird Bülent? Wo wohnt er? Was wünscht er sich zum Geburtstag? Henrik war nicht weniger ratlos als seine Mama, aber er hatte eine Lösung: „Ich frag Bülent morgen."

Henriks Recherche brachte anderntags zwar Aufklärung über den erwähnten Freitag, zog aber neues Rätselraten nach sich. Die Wohnung des Geburtstagskindes sei „in der gelben Siedlung", erklärte der kleine Kerl vage und als Geschenke wünsche sich Bülent ein Fahrrad. „Wie bitte? Du kannst dem Jungen doch kein Fahrrad schenken!" Ob Henriks Klassenkamerad sich vielleicht Geld wünschte? Aber man gibt doch einem Siebenjährigen kein Geld? Wer mochte bloß dieser Bülent sein, und wer waren seine Eltern? Zwar wusste Frau Engels, dass mehrere türkischstämmige Kinder in Henriks Klasse gingen, aber auf den Elternabenden hatten sich deren Mütter oder Väter kaum blicken lassen. Vielleicht konnten die gar kein Deutsch? Frau Peters war ziemlich irritiert und wusste nicht, wie sie mit dieser Einladung umgehen sollte. Deshalb entschloss sie sich, Henriks Lehrerin zu Rate zu ziehen. Die wiederum holte Bülents ältere Schwester aus der vierten Klasse dazu, mit deren Hilfe die Geheimnisse um das Geburtstagsfest schließlich zur Zufriedenheit aller gelüftet werden konnten.

Zunächst und grundsätzlich: Unsere Kinder kommen heute ganz selbstverständlich mit Kindern aus anderen Kulturkreisen in Kontakt. Eine Kindergartengruppe, eine Grundschulklasse, in die nur deutschstämmige Kinder gehen, gibt es praktisch nirgendwo. Je kleiner der Nachwuchs, desto unbefangener geht er mit dieser Tatsache um. Sie können ihm helfen, dass das auch so bleibt.

1. Begegnen Sie allen Freunden ihres Kindes mit der gleichen offenen Freundlichkeit, egal ob sie Mustafa, Zimin, Dura oder Hans heißen.
2. Nutzen Sie Möglichkeiten, die Eltern der kleinen Freunde oder Freundinnen kennen zu lernen.
3. Wenn Sie unsicher sind, wie Sie sich dem Kind und seinen Eltern gegenüber verhalten sollen, fragen Sie die Kindergärtnerin oder die Lehrerin um Rat. Die kennt in der Regel die Familien ihrer Schutzbefohlenen und deren kulturellen Hintergrund.
4. Fassen Sie sich ein Herz und gehen Sie auf die Fremden zu. Sie werden fast immer auf offene Türen treffen, so wie Frau Wehmeyer.

Noreen Wehmeyer, neun Jahre alt, hatte ihre drei besten Freundinnen zu einem Mädchenabend mit Übernachtung eingeladen, darunter auch Laila. Dann kam die traurige Nachricht: Laila durfte nicht kommen. Frau Wehmeyer war betroffen. Natürlich hielt sie ihre eigene Familie für grundanständig. Außerdem würde sie den ganzen Abend zuhause bleiben und die Mädels im Auge behalten. Die Klage ihrer Tochter, wie traurig das Verbot für alle und besonders für Laila sei, steigerte noch ihr Unbehagen. Schließlich fasste Frau Wehmeyer sich ein Herz und rief die Mutter von Noreens Freundin an. Es wurde ein langes Telefonat, in dessen Verlauf Frau Wehmeyer vorsichtig, aber ehrlich berichtete, wie es ihr mit dem Besuchsverbot für Laila ergangen war, Frau Tatari ihr ebenso ehrlich Einblick in die Gründe für ihre Besorgnis gab und sich mehrfach für ihr schlechtes Deutsch entschuldigte, in dem viel gelacht und sich schließlich auf einen Kaffee verabredet wurde, um sich näher kennen zu lernen.

Dieses Treffen fand tatsächlich statt. Frau Wehmeyer erzählte später, sie habe dabei von einer zuvor völlig unbekannten Welt erfahren. Von einer vierköpfigen palästinensischen Familie nämlich, die es in ein libanesisches Lager verschlagen hatte, wo sie in politische Wirren und schließlich Verfolgung geriet, nach Deutschland flüchtete, wo ihr endlich ein dauerhafter Aufenthalt gewährt wurde, deren Heimat jetzt ein kleines Häuschen in der Fremde war, Eltern, die alles für ihre Kinder tun wollten und – orientierungslos zwischen den Kulturen – deshalb ihrer Tochter den Aufenthalt in einer unbekannten deutschen Familie verboten hatte. Laila durfte am Mädchenabend teilnehmen.

Ägypter sind anders ...

Wir Deutschen gelten als Reiseweltmeister und tatsächlich trifft man in fast jedem Erdenwinkel auf Landsleute. Doch obwohl wir so viel unterwegs sind, sagt man uns nach, dass wir es in der Fremde im Grunde eigentlich gerne genau so hätten, wie zuhause. Vielerorts stellt sich die Tourismusbranche darauf ein und sorgt mit der Ansiedlung bayrischer Grill- und badischer Weinstuben für heimische Gemütlichkeit.

Aber selbst wenn man sein abgeschiedenes Ressort am Roten Meer oder in der Dominikanischen Republik kaum verlässt, ganz ohne Kontakt mit dem Gastland und seinen Bewohnern wird es kaum gehen. Zumindest mit dem einheimischen Personal kommt man im Hotel in Berührung oder bei Ausflügen zu spektakulären Sehenswürdigkeiten wie den Pyramiden von Gizeh oder den Trümmern von Troja. Und da kommt es dann leicht zu Schwierigkeiten, nicht nur, weil man die Landessprache nicht versteht. Auch das Verhalten der Menschen kommt einem häufig spanisch vor. Um beim Pyramiden-Beispiel zu bleiben: Wer sich nicht vorher darauf eingestellt hat, wird sich von der Art und Weise, wie Ägypter dort ihre Waren und Dienstleistungen anbieten, schnell bedrängt, wenn nicht gar genervt fühlen. Aber selbst wenn man von der dortigen Bakschisch-Mentalität weiß, bleibt einem Mitteleuropäer das Wertesystem, das dahinter steht, in der Regel unverständlich.

„Jeder von uns schaut aus dem Fenster seines kulturellen Zuhauses in die Welt hinaus, und jeder verhält sich gerne so, als ob ... das eigene ... Zuhause das Normale ist" (Hofstede, S. 265). Das schreibt der niederländische Sozialwissenschaftler Geert Hofstede, einer der führenden europäischen Forscher auf dem Gebiet interkultureller Verständigung. Die Denkstrukturen und Wertvorstellungen, die wir im Kopf haben – Hofstede nennt sie „mentale Software" – sind geprägt durch unsere familiären und gesellschaftlichen Erfahrungen und deshalb für uns selbst angemessen. Ein objektives Kriterium zur Bewertung verschiedener Kulturen fand der Wissenschaftler indes nicht heraus. Um sich so konfliktfrei wie möglich in der Fremde zu bewegen, sollte man sich folgender Tatsachen bewusst sein:

1. Es gibt enorme Unterschiede zwischen den Kulturen dieser Erde.
2. Keine Kultur ist objektiv besser als eine andere.
3. Die tatsächlichen Werte, Normen und Denkmuster, die sich hinter dem Verhalten der Menschen verbergen, sind oft auf den ersten Blick nicht zu erkennen.

Wer mit diesem Wissen etwa nach Malaysia reist, wird zwar erstaunt sein zu sehen, dass viele dort ihren Reis samt Hühnchen und Soße mit den Fingern zum Mund führen, auf sie herabsehen wird er deswegen aber nicht. Wenn wir für kurze Zeit in einem anderen Land zu Gast sind, müssen wir uns natürlich nicht in allem und jedem anpassen. Unsere elementarsten Werte und Überzeugungen werden wir ohnehin nicht aufgeben können, denn sie sind Teil unserer Identität.

Das ist auch gar nicht nötig, meint Geert Hofstede. Worauf es vielmehr ankommt, ist auch hier die innere Haltung des Respekts. Und die kann man auf vielfältige Weise ausdrücken. Konkret:

1. Informieren Sie sich so gut es geht über Land und Leute, Sitten und Gebräuche, bevor Sie mit Ihrer Familie ins Ausland reisen.
2. Stimmen Sie auch Ihr Kind auf das Neue ein, indem Sie zum Beispiel gemeinsam Bilder anschauen.
3. Üben Sie einfache Vokabeln in der Landessprache, am besten gemeinsam mit ihrem Kind. Den Kleinen macht es enormen Spaß, wenn sie mit „Buongiorno" auf Italienisch oder „Goodbye" auf Englisch Eindruck schinden können. Schon der Versuch, ein paar Zahlen oder Fragewörter richtig anzuwenden, öffnet meist die Herzen von Verkäuferinnen, Kellnern und Taxifahrern, weil sie zeigen, dass die Gäste sich um Verständigung bemühen.
4. Machen Sie Ihrem Kind klar, dass Freundlichkeit und

Zurückhaltung immer geboten sind, auch wenn man nichts versteht, etwas nicht bekommt oder das Essen nicht schmeckt.
5. Achten Sie auf angemessene Kleidung und ebensolches Verhalten. Dass man weder den Petersdom noch eine Moschee in Strandkleidung betritt oder dort herumrennt und schreit, sollte eigentlich selbstverständlich sein, ist es aber leider nicht.
6. Zeigen Sie Ihrem Kind, dass Sie jeden Menschen gleichermaßen achten, indem Sie den Straßenhändler, den Botenjungen und das Zimmermädchen genauso freundlich behandeln wie den Hoteldirektor.

... und Niederländer auch

Einen besonderen Blick wollen wir an dieser Stelle auf die Beziehung zu unseren unmittelbaren Nachbarn werfen. Der Grund: Fast alle Länder rund um die Bundesrepublik haben zwischen 1939 und 1945 unter Deutschland gelitten. Auch wenn das Ende des zweiten Weltkriegs inzwischen weit über sechzig Jahre zurückliegt und wir die Ereignisse von damals gerne als abgeschlossen betrachten würden, so ist die Erinnerung daran doch im kollektiven Gedächtnis unserer Nachbarn noch präsent. Denken Sie nur an Polen, wo die deutschen Besatzer besonders grausam gewütet haben. Die Erinnerung an diese Zeit führt bis heute dazu, dass viele Polen den Deutschen gegenüber misstrauisch sind. Aus polnischer Sicht ist das nur zu verständlich und für uns kein Grund, beleidigt zu sein. Es ist auch für uns kein Grund, in Sack und Asche zu gehen, wohl aber einer, diesen Menschen mit größter Höflichkeit zu begegnen.

Den Deutschen schaut man in unseren Nachbarländern besonders genau auf die Finger, denn unterschwellig existieren noch eine Menge Vorbehalte. Das gilt auch für Länder wie Frankreich, Norwegen oder Großbritannien, mit denen wir rege Kontakte pflegen. Das gilt sogar für Dänemark oder die Niederlande, deren Badeorte sich regelmäßig zu bestimmten Jahreszeiten in deutsche Kolonien verwandeln. Uns mag das wundern, empfinden wir doch gerade diese beiden Völker als sehr verwandt. Sogar ihre Sprache hört sich von ferne ein bisschen wie Deutsch an. Fragen Sie aber einen Menschen, der längere Zeit etwa in den Niederlanden gelebt hat. Sie werden von erstaunlichen Unterschieden hören, die sich zum Teil erst nach dem zweiten und dritten Blick offenbaren. Ein Beispiel: Niederländer sind schnell mit jedermann per Du. Auf Deutsche wirkt das oft irritierend distanzlos, weil sie nicht wissen, dass das Du nicht die gleiche vertrauliche Bedeutung hat wie bei uns. Es lohnt sich also, auch vor einer Reise ins Land der Oranier Informationen einzuholen, um Missverständnisse zu vermeiden. Damit unsere Kinder lernen, wie man sich auch unmittelbar hinter der Grenze korrekt verhält, kommt es hier wieder besonders aufs Vorbild an.

Das sind die Dinge, die unsere nordwestlichen Nachbarn an Deutschen überhaupt nicht leiden können:

1. Wenn sie laut und großspurig auftreten.

2. Wenn sie dabei auch noch alkoholisiert sind.

3. Wenn sie sich vordrängen.

4. Wenn sie erwarten, dass alles so ist wie zuhause.

5. Wenn sie über niederländisches Bier meckern.

6. Wenn sie einfach jeden auf Deutsch ansprechen.

Natürlich können die meisten Niederländer Deutsch. Nicht nur das, sie sind Europameister in Fremdsprachenkenntnissen. Englisch, Französisch, Deutsch, manchmal noch Spanisch oder Italienisch geht ihnen locker von den Lippen. Das heißt aber nicht, dass ihnen ihre eigene Sprache nichts wert ist. Im Gegenteil. Zeigen Sie Ihrem Kind, wie man's richtig macht: Kaufen Sie sich ein kleines Wörterbuch Niederländisch. Lernen Sie ein paar Floskeln und versuchen Sie, sie anzuwenden, wann immer es geht. Sie werden in der Regel auf freudige Überraschung und freundliches Entgegenkommen treffen, so als hätten Sie durch Ihr höfliches Bemühen nicht nur die Sprache, sondern gleich das ganze kleine Land respektvoll gewürdigt.

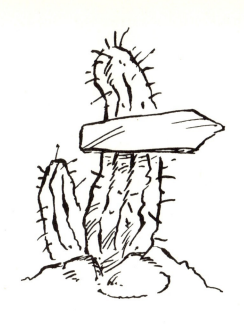

Kapitel 6
Außen stachelig – innen ganz weich: Pubertät und Manieren

Da gibt man sich nun die größte Mühe mit der Benimmerziehung und muss dann erleben, wie sich der Sprössling in der Pubertät – manchmal von einem auf den anderen Tag – von einem vormals unkomplizierten fröhlichen Kind in einen unfreundlichen, ruppigen Teenager verwandelt. Und weil das fast alle Eltern erleben, ist es auch kein Wunder, dass Ratgeber zur Pubertät wie zum Beispiel „Das Überlebenstraining für Eltern", „Wie Teenies ticken", „Pubertät – kein Grund zur Panik", über Jahre hinweg Bestseller sind. Das gleiche gilt für den Titel „Pubertät ist, wenn Eltern schwierig werden, das Tagebuch einer betroffenen Mutter" von Marianne Arlt, der bereits in der 21. Auflage erschienen ist und schon Tausende Eltern getröstet hat.

Häufig beschäftigt dieses Thema Eltern lange, bevor ihre Kinder in die Pubertät kommen. Erinnert man sich schließlich selbst noch gut an die Zeit, als plötzlich alles nicht mehr stimmte und die Eltern mehr als lästig wurden. „Mir wird schon ganz anders, wenn ich daran denke, dass aus meiner Süßen mal so ein Kaktus werden soll", seufzt Frau Menge, die eine zehnjährige Tochter hat. Sie hat schon viel darüber gehört, dass gerade Mädchen richtig eklig werden können, wenn die große Krise, nämlich die Pubertät, beginnt und sich Mütter auf eine harte Zeit gefasst machen müssen.

Also, stellen Sie sich darauf ein, dass das Klima in der Familie manches Mal rauer sein und nun Ihre Standhaftigkeit und Glaubwürdigkeit in Sachen Benimm besonders herausgefordert wird. Und auch wenn das so ist – wir können Ihnen versichern: Die pubertären Wirrungen und Irrungen gehen vorüber und das gute Benehmen, von dem sich die Jugendlichen gerne verabschieden, kommt wieder. In der Tat sind viele Vorkommnisse im Rückblick tatsächlich eher harmlos und die Beteiligten können sogar darüber schmunzeln.

Natürlich können Jugendliche in ernsthafte Krisen geraten. Aber davon soll hier ja nicht die Rede sein. Wir wollen aber versuchen, die Frage zu beantworten, warum sich Jugendliche manchmal so daneben benehmen und warum sie so viele Benimmregeln, die sie doch schon so gut beherrschten, über Bord werfen?

Typisches Beispiel für familiäre Konflikte in der Pubertät sind Geschmacksfragen, von denen wir ja schon gesagt haben, dass sie auch zu Kinderzeiten möglichst mit Gelassenheit zu nehmen sind. Herr Fuhrmann erinnert sich daran, als seine Anke 14 Jahre alt war. Eines Tages erschien sie nach der Schule mit einem Irokesenhaarschnitt, ein anderes Mal waren die Haare knatschgrün gefärbt. Das hatte damals für einige Aufregung gesorgt. Inzwischen hat die heute 23-Jährige ihre Ausbildung beendet und trägt eine normale Frisur. Aus ihr ist ein „anständiger Mensch geworden", findet der Vater. Und deshalb bekümmert es ihn nun nicht weiter, dass die zehn Jahre jüngere Schwester in Geschmacksfragen in die Fußstapfen ihrer Schwester tritt. Er und seine Frau bleiben gelassen, auch wenn sie als Grufti, bleich geschminkt und mit bodenlangem schwarzen Mantel herumläuft. Ihre Tochter ist in diesen Fragen für sich selbst verantwortlich, finden sie und reagieren dementsprechend auf die neugierig-mitleidigen Fragen der Nachbarschaft.

Eine Protestbewegung ganz für mich allein

Es geht nicht nur vorbei, es ist wichtig, dass Kinder – sollen aus ihnen gestandene Persönlichkeiten werden – in der Zeit der Pubertät Grenzen überschreiten. Wir gehen sogar soweit zu sagen: Sie müssen sich schlecht benehmen. Nicht, dass das schön wäre. Aber es gibt gute Erklärungen dafür, die helfen können, die Zeit der Pubertät als das zu begreifen, was sie ist: Als Zeit der Häutung und Reifung. Pubertät bedeutet eigentlich nur Reifezeit/Zeit der Geschlechtsreifung. Wenn Kinder also reifen, ist das doch allemal ein Grund zur Freude. In dieser Zeit leisten sie unendlich viel – auch wenn es manchmal nach dem Gegenteil aussieht. Tatsächlich ist der Zuwachs an Fähigkeiten nur noch zu vergleichen mit der ganz frühen Kindheit, in der wir buchstäblich zusehen können, wie sie wachsen und lernen.

Trotzdem kann man natürlich verstehen, wenn Eltern sich über schlechtes Benehmen ihrer Kinder ärgern. Und sie sollten nach Möglichkeit auch etwas dagegen tun – nämlich dann, wenn ihre Mitmenschen von ihrem Verhalten betroffen sind oder sie sich selbst schaden. Welcher Vater hört schon gerne beim Elternsprechtag von der Lehrerin, dass sein Dreizehnjähriger ein ganz schönes Früchtchen sei? Während des Unterrichtes demonstriert er sein Interesse dadurch, dass er den Kopf bequem auf der Tischplatte ablegt und die Augen schließt. Der Junge sitzt, nein liegt vielmehr, in der ersten Bank? Kein Problem! Dann macht es noch mehr Gaudi, weil es ja kaum zu übersehen ist. Was steckt dahinter: Vielleicht auch, wie mutig er (schon) ist? Der Junge nimmt immerhin eine Haltung an – auch wenn er hier Protest demonstriert. Ob hier nicht schon Früchte trägt, was zum Thema Zivilcourage gesagt wurde? Übrigens hat der Junge sein Verhalten geändert – er wurde nämlich zuhause energisch ermahnt. Sein Vater hat ihm nicht nur klar gemacht, dass der Unterricht zum Lernen und nicht zum Dösen da ist, sondern außerdem, dass seine respektlose Körperhaltung der Lehrerin signalisiert „Du kannst mich mal". Und das gehört sich nun mal nicht.

Ein anderes Beispiel: Begrüßung und Abschied. Das können Ihre Kinder? Ganz sicher! Aber nicht jetzt oder jedenfalls nicht zuhause. Dann gibt es Szenen wie diese und man fragt sich: Was ist bloß los? Herr Vomstein kommt nach einem anstrengenden Arbeitstag nach Hause und begrüßt fröhlich die dreizehnjährige Tochter. „Hallo Schatz!" Keine Antwort. Sie schlurft, durch ihn hindurch starrend, schweigend an ihm vorbei ins Wohnzimmer und macht die Glotze an. Erst nach mehrmaliger Aufforderung schaltet sie diese mit der Bemerkung „Ist doch alles Kacke hier!" aus.

Was hat man falsch gemacht, wenn sich ein Siebtklässler zwar gnädig von den Eltern zum Sammelpunkt für die einwöchige Klassenfahrt bringen lässt, dann aber ohne auch nur den Kopf zu wenden, wortlos zu seinen Freunden entschwindet und diese freudestrahlend zur Begrüßung erst mal ein bisschen knufft? Er kennt die Konventionen, nämlich, dass man sich bei einer Begegnung freundlich begrüßt oder verabschiedet. Er wendet sie nur eben (zur Zeit) nicht immer an.

In solchen Momenten kann man kaum glauben, was die Shell-Jugendstudie 2006 zutage gefördert hat: Danach meinen nämlich 72 Prozent der befragten Jugendlichen, dass Familie wichtig ist, um glücklich zu sein, und fast genauso viele würden ihre Kinder so erziehen wie sie selbst erzogen wurden. Also, das eigene Kind gehört bestimmt zu den anderen 28 Prozent, möchte man denken. Das manchmal recht seltsame Verhalten der Jugendlichen steht dazu aber nicht im Widerspruch, wie der Pubertätsforscher Hartmut Kasten bestätigt. Die meisten Jugendlichen fühlen sich durchaus wohl in ihren Familien.

Gerade deshalb sind in dieser Zeit Fragen des Benimms eine ideale Projektionsfläche für Protest. An diesen Regeln, die das menschliche Miteinander angenehm und reibungslos gestalten sollen, lässt es sich so herrlich rütteln und an den Eltern und Lehrpersonen lässt es sich prima reiben. Manche Jugendliche experimentieren deshalb mit Benimmregeln wie Kleinkinder mit den Bauklötzen. Wann ist es genug und wer setzt mir Grenzen? Diese Fragen stecken hinter manch rüpelhaftem Verhalten, und deshalb ist es richtig, wenn Eltern auf der Einhaltung dieser Regeln bestehen.

Man möchte meinen, dass in der Pubertät jeder junge Mensch seine eigene kleine Protestbewegung durchzieht. Er kann gegen sich selbst sein, gegen die Eltern, gegen die Schule, gegen alles, was früher Freude gemacht hat. Mit der spitzen Wahrhaftigkeit und dem feinen Gespür dafür, in welcher Hinsicht auch die Eltern menscheln, halten die Teenies ihren Erzeugern manchmal gnadenlos den Spiegel vor. In der Auseinandersetzung mit ihnen definieren sie sich selbst, überprüfen und entwickeln sie ihr Wertegerüst, das sich normalerweise ja auch in gutem Benehmen ausdrückt. Sie trampeln nur deswegen so ausgiebig auf dem herum, was sie bisher sogar ganz gut fanden, weil sie ausprobieren wollen, ob es wirklich tragfähig ist.

Beliebtes Terrain für Auseinandersetzungen und Abgrenzungen ist alles, wo Zuverlässigkeit, Pünktlichkeit und Ordnung gefragt sind. Warum zum Beispiel soll man eigentlich überhaupt an den Familienmahlzeiten teilnehmen? André wollte sich mit 15 lieber etwas aus dem Kühlschrank nehmen oder später das Essen in der Mikrowelle warm machen. Noch lieber ging er mit seinen Freunden zur Döner-Bude. „Mama, du verhinderst meine sozialen Kontakte", beschwerte er sich, wenn seine Mutter darauf bestand, dass er an den Mahlzeiten teilnahm. Später legte er sich eine andere Strategie zu, vielleicht der ständigen Vorhaltungen müde. Nun sagte er zwar, dass er am Essen teilnehmen wolle, kam aber trotz mehrfacher Aufforderungen nicht und wenn dann so spät, dass schon alles abgeräumt war. Heute ist André Mitte 20 und findet fast nichts schöner als die gemeinsamen Familienmahlzeiten. Die Gelegenheit dazu nimmt er nun – da er nicht mehr zuhause wohnt – nur allzu gerne wahr.

Wenn die Seele zur Baustelle wird

Mal heiter, mal traurig – Aprilwetterstimmung ist an der Tagesordnung. Gefühlsstürme aller Art toben durchs jugendliche Gemüt. So kommt es, dass harmlose Aufforderungen oder Fragen von Eltern wie: „Putz dir bitte noch die Schuhe ab" oder „Hast du schon Mathe gelernt?" patzige Reaktionen erzeugen: „Warum fragst du so blöd, das mache ich doch immer" und „Ich weiß schon selbst, wann ich was mache, dauernd redest du mir rein". Eine Beschimpfung folgt der nächsten. Das beschwört vielleicht einen dicken Krach herauf. Gut, wenn dann alle Fenster und Türen geschlossen sind. So hält es jedenfalls Familie Hartmann, in der sehr ausgiebig gestritten wird. Da bemerkte der nette Herr Müller von nebenan eines Tages nach einer lautstarken Auseinandersetzung bei einer Begegnung im Treppenhaus vielsagend: „Gell, man muss sich so manches anhören, wenn man Kinder hat." Nicht jeder möchte gern dabei sein, wenn sich die Nachbarn streiten. Das stört die Ruhe und gibt ungewollte Einblicke in ein Familienleben, das die Öffentlichkeit auch gar nichts angeht.

Es sind nicht nur die allfälligen Hormone, die den Jugendlichen zu schaffen machen und die zu ihrer körperlichen Reifung beitragen. Auch das Gehirn verändert sich. Die „grauen Zellen", zuständig für den Verstand, vermehren sich rasant, es sterben Nervenzellen ab und Nervenbahnen verknüpfen sich neu oder werden stillgelegt. Entwicklungspsychologen vergleichen die Prozesse im Gehirn mit einer Großbaustelle auf der Autobahn. Überall – so sagen sie – sind Langsamfahrzonen eingerichtet. Es müssen lange Umwege in Kauf genommen werden, um überhaupt ans Ziel zu kommen, weil ganze Straßenabschnitte komplett gesperrt sind. Der junge Mensch steckt sozusagen im Dauerstau, weil all die Wachstumsprozesse im Gehirn nicht gleichzeitig stattfinden. Sie sind erst bis Mitte Zwanzig vollständig abgeschlossen.

Deshalb sind Bemerkungen wie „Du bist voll peinlich" oder „Geh bloß nicht mit, ich will mich doch nicht blamieren" zwar eine Rüpelei, aber vor dem beschriebenen Hintergrund auch kaum zu verhindern. Und immerhin entschuldigen sich nicht wenige Jugendliche nach einem Streit anschließend bei den Eltern, wenn „es manchmal einfach so über sie kommt". Sie schreiben kleine Zettelchen, geben ganz unverhofft ein Küsschen auf die Wange oder thematisieren sogar ihr Verhalten. Schließlich haben sie ihre gute Erziehung in den Jahren davor nicht wirklich vergessen und können deshalb darauf zurückgreifen, wenn sich der Gefühlssturm gelegt hat. Die Youngsters sind nämlich nicht biestig, weil sie gemein sind, sondern weil ihr Gehirn gelegentlich einfach nicht mitmacht. Hirnforscher der kalifornischen San Diego State University haben zum Beispiel herausgefunden, dass Jugendliche wegen der Umbauarbeiten im Gehirn oft Schwierigkeiten haben, die Stimmungen und Gefühle anderer Menschen richtig einzuschätzen. Das verwirrt sie bisweilen so, dass sie übers Ziel hinausschießen.

Wenn Eltern sich sehr zu Recht manchmal als Prellbock missbraucht fühlen, dann tröstet vielleicht die Erkenntnis, die der Tübinger Arzt und Psychotherapeut Gunter Klosinski so formuliert: „Insbesondere in der Auseinandersetzung mit anderen definiert sich der Mensch, sieht sich im Spiegel der anderen, wird seiner Selbst gewahr und in die Lage versetzt, auch den anderen wahrzunehmen." (Klosinski, S. 194)

Diese Chance brauchen sie, unsere viel geliebten Stacheltiere. Denn sie sind mittendrin in der Zeit, die sie körperlich und seelisch quasi umdreht. Sie haben die gewaltige Aufgabe herauszufinden, wer sie sind und wer und wie sie (einmal) sein wollen.

Jugendliche übertreten deshalb Grenzen und missachten Verbote. Typisches Beispiel: Die sechzehnjährige Maria soll spätestens um Mitternacht zuhause sein. Sie erscheint erst um 2 Uhr morgens und behauptet, das wäre so besprochen gewesen. Der vierzehnjährige Henry hat striktes Verbot in den neuen „Herr-der-Ringe-Film" zu gehen, der erst ab 16 Jahren freigegeben ist. Die Eltern haben ausführlich begründet, warum, aber er schaut den Film trotzdem an. Das kommt nur per Zufall heraus und natürlich gibt es ordentlich Ärger. Einige Jahre später erzählt Henry seinen Eltern, dass er den Film furchtbar grausam gefunden und bereut hat, trotz Verbots hineingegangen zu sein.

Vollends lahmgelegt scheint in der Zeit der Pubertät auch der Sinn für Planung zu sein. Denn der Teil des Gehirns, der für Organisatorisches zuständig ist, der Vorangegangenes mit in die Planung einbezieht und vorausschauend Zeit einzuteilen vermag, das Präfrontalhirn, ist ebenfalls (noch) im Bau. Die Folge: Es mangelt an Zuverlässigkeit und Pünktlichkeit. Auf Hilfe kann man dann oft nicht zählen, obwohl der Jugendliche noch als Elfjähriger bereitwillig Nudeln mit Tomatensoße kochte oder hilfsbereit beim Großeinkauf die Einkaufskisten hin- und herschleppte. Die Jugendlichen können im Gegenteil völlig „verpeilt" sein, wie sie diesen Zustand manchmal selbst beschreiben. Ein Serchzehnjähriger, der etwa Zweidrittel des Wochenendes im Bett verbringt, (weil es da so gemütlich ist) kann wirklich am Montag allen Ernstes behaupten, er habe tatsächlich gar keine Zeit gehabt, sein Fahrrad von der Reparatur abzuholen. Das ist für ihn (sein Gehirn) kein Widerspruch und es ist zum Lachen – ja das ist es. Das Ganze mit Humor nehmen, kann durchaus auch eine Strategie für Eltern sein, mit den Aufs und Abs in dieser speziellen Lebensphase umzugehen.

Manchmal aber klappen Dinge sehr zur Verwunderung der Eltern doch. Eigentlich ist es ja so: Es ist auch zu verhext, dass man den Wecker gar nie, nie hört – man schläft einfach zu fest. Weiß doch jeder, dass der Biorhythmus von Pubertierenden dem von der Erwachsenenwelt aufdiktierten Zeitplan zum Beispiel für die Schule völlig entgegenläuft und diese viel zu früh anfängt. Wenn es aber darum geht, dass man ganz früh morgens den Flieger nach England bekommen möchte, dann hört man auch den Wecker und steht selbstständig gerne mitten in der Nacht auf. Es geht also. Die Bemühungen, das Kind zu Pünktlichkeit zu erziehen, haben also doch gefruchtet – nur profitiert man selbst (zur Zeit jedenfalls) nicht davon. In dieselbe Schublade gehört auch der Ordnungssinn. Dieser kann in der Pubertät fast vollständig verkümmern. Schulmaterial wird schludrig behandelt oder die nasse Badehose in der Sporttasche schlicht vergessen, weshalb sie schon mal erste Stockflecken ansetzt. Im Zimmer der dreizehnjährigen Imke türmen sich über Wochen die schmutzigen Kleider. Wozu ein Wäschekorb da ist, hat sie fast vollständig aus ihrem Gedächtnis gestrichen.

Raushalten, einmischen und fordern

Eltern dürfen auch in der Pubertät hartnäckig sein und beharrlich das vom Benimm-Kanon einfordern, was ihnen wichtig ist. Denn das Ende der Kindheit, das mit dem Beginn der Pubertät eingeläutet wird, bedeutet mitnichten ihren Rückzug. So ablehnend viele Jugendliche auf den elterlichen Versuch reagieren, sich für ihr Leben zu interessieren, so wenig wollen sie meist, dass ihre Eltern sich ganz heraushalten. Das tun manche allerdings, weil sie denken, ihre Kinder wären nun aus dem Alter heraus, in dem sie erzogen werden sollten. Die Grundlagen sind in der Tat bis zu diesem Zeitpunkt längst gelegt – darauf können Eltern auch vertrauen. Jugendliche brauchen aber in dieser Lebensphase immer noch viel Halt und Zuwendung, auch wenn sie es ungern zugeben und scheinbar manchmal alles tun, um ihre Eltern zu vergraulen. Ganz sicherlich ist die Zeit vorbei, in der Eltern die Hausaufgaben regelmäßig nachschauen oder kontrollieren, ob die Zähne wirklich geputzt wurden.

Teenies legen auch wenig Wert darauf, von ihren Eltern beraten zu werden, wenn es um Kleidung, Haarmode oder Musik geht. Da wenden sie sich lieber an ihre Freundinnen oder Freunde und beraten sich untereinander. Thema sind oft auch die Eltern. Machen Sie die Ohren zu, sollten Sie einmal zufällig etwas mit anhören – es wird über alle Eltern gemeckert. Jedoch brauchen die Jugendlichen ihre Eltern dringend, wenn es um Zukunftsentscheidungen geht. Untersuchungen zeigen, dass Jugendliche den Rat der Eltern suchen, wenn es um Berufswahl oder Lebensorientierung geht.

Widersprüche und sich daneben benehmen gehören also zur Pubertät dazu wie Pfeffer und Salz zum Frühstücksei. Junge Menschen werden von Selbstzweifeln geplagt und plagen deshalb auch ihre Umgebung. Viele Mädchen kämpfen mit einem Schönheitsideal, das ihnen verwehrt, sich mit ihren sich entwickelnden weiblichen Formen zu versöhnen. Eine Studie der Kinder- und Jugendpsychiatrie der Universität Heidelberg fand zum Beispiel heraus, dass sich ein Drittel der normalgewichtigen Mädchen als zu dick empfindet. Wenn es „Zickenalarm" gibt, dann zanken da Mädchen, deren Frustrationstoleranz noch sehr gering ist und die mit ihren hämischen Gemeinheiten ihre eigene Verletzlichkeit verbergen.

Starke Jungens, die sich lautstark aus Witz gegenseitig als „Hurensohn" bezeichnen und den Mittelfinger zeigen, weil man gerade „geflachst" wurde, sind zuhause empfindlich wie Mimosen, pflegen dort aber ungerührt und unbeeindruckt von Vorhaltungen ihre Gossensprache weiter. Mit ihrer großen Klappe wollen sie nicht nur imponieren und sich selbst aufwerten, sondern damit überspielen sie auch ihre Unsicherheit. Kleine Prügeleien dienen der Suche nach Anerkennung und machen – nun ja – einfach Spaß.

Gar nicht schlecht also, wenn Eltern sich fragen, was hinter einer Entgleisung oder einem seltsamen Verhalten steckt. Dann kann man es so halten wie die Eltern Daubner, die sich völlig raushielten aus Kleinigkeiten, als die sie Mode- und Geschmacksfragen oder die Wahl der Freunde bezeichnen. Und manches Mal sagten sie nichts, wenn einer ihrer drei Sprösslinge die Fassung verlor. „Man soll nicht alles persönlich nehmen", nach dieser Devise ließ es sich ganz gut leben mit den Dreien, meinen die Daubners. „Und im Gespräch bleiben und zeigen, dass man sich für sie interessiert", darauf haben sie immer geachtet. Hingegen bestanden diese Eltern darauf, dass die drei ihre Aufgaben im Haushalt erfüllten und einen geregelten Tagesablauf hatten. Dazu gehörte auch, dass Ausgehen unter der Woche nicht drin war.

Auch erlaubten sie sich gelegentlich, etwas zu sagen, wenn ihnen das Verhalten der Freunde ihrer Kinder missfiel. Einmal schüttete Thomas, der Freund von Sohn Frederik, aus Übermut an Halloween Mehl in den Briefkasten. Da bestand Eva Daubner darauf, dass er die Bescherung auch wieder wegmachte. „Da musste ich ein bisschen energisch werden, Frederik wollte nämlich nicht, dass ich mir seinen Freund vorknöpfe," erinnert sie sich rückblickend. Höflich im Ton, konsequent in der Sache. „Ich galt ja immer als streng, aber unsere Kinder haben trotzdem oft ihre Freunde mitgebracht." Die Jugendlichen wussten eben: Wir sind willkommen.

Ging die Generation unserer Großmütter und Großväter noch mit 14, 15 Jahren aus dem Haus, so lebt heutzutage die Mehrheit der Jugendlichen und jungen Erwachsenen noch bis mindestens zum 20. Lebensjahr zuhause. Sie bleiben lange finanziell von ihren Eltern abhängig. Wegen mangelnder Ausbildungsmöglichkeiten, im Vergleich zu anderen europäischen Ländern zu langer Schulzeiten, fehlender Arbeitsplätze drehen sie außerdem Warteschleifen aller Art. Und das, obwohl sie kreativ, quicklebendig und lebenshungrig wie sie sind, durchaus fähig wären, ihr eigenes Leben aufzubauen. Neuere Forschungen zeigen, dass Jugendliche in vielen Bereichen sehr selbstständige und eigenverantwortliche Entscheidungen treffen. Die Zeit der körperlichen Wandlung und der leicht verletzlichen Seele und die damit verbundenen Grenzüberschreitungen versetzt sie in die Lage, mit der kommenden äußeren Trennung vom Elternhaus die notwendige innere Unabhängigkeit zu gewinnen. Und dann sind sie auch bereit zur Wiederbegegnung mit den Eltern – auf Augenhöhe. Spätestens dann werden Sie erleben, dass Ihr gutes Vorbild – auch in Punkto Benimm – seine Wirkung hatte. Bestimmt!

Kapitel 7
Ende gut und Schluss!

Dieses Buch entstand aus einer beredten Klage. Als freie Journalistinnen sind wir viel unterwegs, lernen immer wieder neue Menschen kennen. So kam es, dass wir uns einmal gegenseitig mit den schönsten Geschichtchen davon unterhielten, wie Leute sich unterwegs daneben benehmen. Wir amüsierten uns königlich und waren, Pharisäern gleich, froh, dass wir uns erstens benehmen können und zweitens nicht allein so spießig sind, Benimmsünden zu bemerken. Wie erleichternd war es zu erfahren, dass auch andere schnell in der Bahn ein Taschentuch zücken, um die Brötchenkrümel vom Fahrgast vorher vom Sitz wegzuwischen. Mit Vergnügen tauschten wir die flotten Sprüche aus, die wir Menschen neben uns sagen, die uns mit ihrer Musik stören und trotz höflicher Bitten, sie leiser zu stellen, nicht darauf verzichten können, ihre Ohren und uns zu beschallen. Ach, wenn die anderen doch ein bisschen rücksichtsvoller wären, stöhnten wir ein klein wenig selbstgerecht.

Menschen fällt es offenbar zunehmend schwer, sich gegenseitig Respekt und Achtung zu bezeugen. Die einfache Wahrheit ist jedoch – so fanden wir: Ein gelingendes Miteinander in menschlichen Beziehungen hängt wesentlich von den Umgangsformen ab.

Mit der Arbeit an diesem Buch begann nicht nur eine spannende Reise in die mitteleuropäische Sozialgeschichte, Entwicklungspsychologie oder fremde Länder. Wir wurden schon vor Erscheinen des Buches zu Benimmexpertinnen befördert. Man suchte unseren Rat in schwierigen Fragen. Das machte uns verlegen. Schließlich beobachteten wir auch uns selbst. Jede musste sich mit ihren eigenen Benimmsünden beschäftigen. Da hast du wieder mal jemanden nicht ausreden lassen, mit vollem Mund gesprochen, dich nicht bedankt, warum musstest du mit den Kindern rumschreien, anstatt die Streitregeln, die du doch selbst beschrieben hast, zu beachten? – so ähnlich war manches Mal unsere Gewissenserforschung. Im Geiste sahen wir schon all die Leute, die unser Buch lesen würden und uns demnächst hämisch auf jeden einzelnen Fauxpas unsererseits aufmerksam machen würden.

Danke, danke möchten wir schon im Voraus sagen – auch wenn es uns natürlich ein wenig schwer fällt. Aber das scheint uns im Rückblick auf die Beschäftigung mit unserem Thema eine wichtige Erkenntnis: Alle Menschen brauchen Menschen, die sich die Mühe machen, sich mit ihnen auseinander zu setzen. Sie dürfen das natürlich nett und respektvoll tun – aber bitte tun Sie es. Unsere Kinder brauchen Eltern, die die Unbequemlichkeit auf sich nehmen, sie zu erziehen. Menschen, die ihnen sagen: „Das tut man nicht!" Und solche, die ihnen zeigen, wie es richtig geht. Sie brauchen Vorbilder, die lange nachwirken. Das ist schon der erste Schritt zu ein bisschen mehr Respekt und Achtsamkeit.

Ach ja, noch etwas: In der Deutschen Bahn gibt es seit einiger Zeit Waggons, in denen das Telefonieren ausdrücklich unerwünscht ist. Auf einer Dienstreise musste ein wichtiges Telefonat erledigt werden. Munter telefonierte eine von uns beiden los (wir sagen nicht wer, denn die andere ist so nett und distanziert sich nicht). Da die Verbindung schlecht war, brüllte sie ziemlich. Die Verbindung brach auch einige Male ab. Der hübsche Handy-Klingelton beschallte natürlich das Abteil. Als sie das Telefonat beendete – es ging übrigens um dieses Buch – fiel ihr Blick auf ein kleines Piktogramm mit einem Mobiltelefon, das durchgestrichen war. Es bedeutet: „Bitte nicht telefonieren".

Literatur- und Quellenverzeichnis

Literatur

Alves, Katja und Dawn Parisi: Darf man das? Ein Benimmbuch für unterwegs, Hanser Verlag, München 2006

Au, Franziska von: Knigge 2000. Sichere Umgangsformen für alle Gelegenheiten, Lüweig Verlag, München 2001

Au, Franziska von: Knigge für Kinder. Gute Umgangsformen von klein auf, Urania Verlag, Stuttgart 2005

Beil, Brigitte: Gutes Kind, böses Kind. Warum brauchen Kinder Werte?, dtv, München 1998

Bueb, Bernhard: Lob der Disziplin. Eine Streitschrift, List/Ullstein Verlag, Berlin 2006

Elias, Norbert: Über den Prozess der Zivilisation. Bd. 1 und 2, Suhrkamp Verlag, Frankfurt/M. 2007

Gsella, Thomas und Rudi Hurzlmeier: Kinder, so was tut man nicht. Ein pechschwarzes Brevier für die Familie, rororo, Reinbek bei Hamburg 2007

Haug-Schnabel, Gabriele; Bensel, Joachim: Grundlagen der Entwicklungspsychologie. Die ersten zehn Jahre, Verlag Herder, Freiburg 2005

Hofstede, Geert: Interkulturelle Zusammenarbeit. Kulturen – Organisationen – Management, Gabler Verlag, Wiesbaden 1993

Honkanen-Schoberth, Paula: Starke Kinder brauchen starke Eltern. Der Elternkurs des Deutschen Kinderschutzbundes, Ravensburger Verlag, Berlin 2002

Juul, Jesper: Aus Erziehung wird Beziehung. Authentische Eltern – kompetente Kinder, Verlag Herder, Freiburg 2005

Juul, Jesper: Was Familien trägt. Werte in Erziehung und Partnerschaft, Kösel Verlag, München 2006

Kasten, Hartmut: 0-3 Jahre. Entwicklungspsychologische Grundlagen, Beltz Verlag, Weinheim 2005

Kasten, Hartmut: Pubertät und Adoleszenz. Wie Kinder heute erwachsen werden, Ernst Reinhardt Verlag, München 1999

Knigge, Adolf Freiherr von: Über den Umgang mit Menschen, Reclam Verlag, Stuttgart 2007

Knigge, Alexander Freiherr von: Expedition Knigge oder Das Geheimnis eines alten Buches, Campus Verlag, Frankfurt/M. 2005

Knigge, Moritz Freiherr von : Spielregeln. Wie wir miteinander umgehen sollten, Verlag Bastei/Lübbe, Bergisch Gladbach 2006

Koch, Claus: Erziehung im Nationalsozialismus, 1968 und der erneute Ruf nach Disziplin und Unterordnung. In: Brumlik, Micha: Vom Missbrauch der Disziplin. Antworten der Wissenschaft auf Bernhard Bueb, Beltz Verlag, Weinheim 2007

Kügerl, Christine: Selbstbewusst und rücksichtsvoll. Wie Kinder starke und einfühlsame Persönlichkeiten werden, Verlag Herder, Freiburg 2004

Läneke, Regina; Spieker, Ira (Hrsg.): Reinliche Leiber – Schmutzige Geschäfte. Körperhygiene und Reinlichkeitsvorstellungen in zwei Jahrhunderten, Wallsteinverlag, Göttingen 1996

Largo, Remo H.: Kinderjahre. Die Individualität des Kindes als erzieherische Herausforderung, Piper Verlag, München 1999

Leifgen, Ingrid: Neugier macht klug. Kinder die Welt entdecken lassen, Verlag Herder, Freiburg 2007

Mobile kompakt: Kinder lernen streiten. So fördern Eltern soziale Kompetenz, Verlag Herder, Freiburg 2005

Mobile kompakt: Wenn Kinder die Wut packt. Wie Eltern helfen können, Verlag Herder, Freiburg 2006

Mobile kompakt: Zuhören, reden und verstehen. Wie Gespräche mit Kindern besser gelingen, Verlag Herder, Freiburg 2005

Nitsch, Cornelia: Werte machen stark! Was wir unseren Kindern mitgeben, Velber Verlag, Freiburg 2006

Obermayer, Bastian; Schwenke, Philipp: Das Allerneueste von Knigge. Darf ich Thomas Gottschalk duzen und andere Stilfragen, Verlag Herder, Freiburg 2006

Rogge, Jan-Uwe: Eltern setzen Grenzen, Rowohlt Verlag, Reinbek bei Hamburg 1995

Schönfeldt, Sybil Gräfin: Das Mosaik Benimmbuch. 1x1 des guten Tons, Mosaik Verlag, München 2000

Unverzagt, Gerlinde; Hurrelmann, Klaus: Konsum-Kinder. Was fehlt, wenn es an gar nichts fehlt, Verlag Herder, Freiburg 2001

Unverzagt, Gerlinde: Benehmen macht Schule. Gute Gründe für gute Manieren, dtv, München 2005

Wagner, Petra; Preissing, Christa (Hg): Kleine Kinder keine Vorurteile? Interkulturelle und vorurteilsbewusste Arbeit in Kindertageseinrichtungen, Verlag Herder, Freiburg 2003

Wunsch, Albert: Abschied von der Spaßpädagogik. Für einen Kurswechsel in der Erziehung, Kösel Verlag, München 2004

Wunsch, Albert: Die Verwöhnungsfalle. Für eine Erziehung zu mehr Eigenverantwortung, Kösel Verlag, München 2006

Zeitungen/Zeitschriften

Agence France Presse: Fluchen für den Teamgeist, in: Süddeutsche Zeitung, Job & Karriere, 17.10.2007

Abun-Nasr, Nadia: Zusammen sind wir stark. So wird Ihr Kind ein Teamspieler, in: Spielen und lernen, 10/2007, S. 28ff

Wüsthof, Achim: Gehirn im Ausnahmezustand, in: Die Zeit, Nr. 42, 12.10.2006

Literatur im Internet

Knigge, Alexander Freiherr u.a.:
www.knigge.de/stichwortsuche

Martin R. Textor, Gelingende und mißlingende Kommunikation in Familien, in:
www.familienhandbuch.de/cmain/f_Aktuelles/a_Elternschaft/s_684.html

Klaus Fischer: Pubertät oder „Eltern sind peinlich", in:
www.familienhandbuch.de/cms/Erziehungsfragen_Pubertaet.pdf

Shell Jugendstudie 2006
www.shell.com/home/content/de-de/society_environment/jugendstudie/2006/dir_jugendstudie.html

www.starke-kids.de/htm/archiv/artikel/09_2005/baustelle.htm

www.idw-online.de: Pressemitteilung der Universität Jena, 20.8.2007

www.hygiene-tipps-fuer-kids.de

Literaturempfehlungen für Kinder

Blanco, Laura; Carbonell, Silvia: Was ist wichtig im Leben? Das große Wertebuch für Kinder und Eltern, Velber Verlag, Freiburg 2005

Cramm, Dagmar von: Kinder-Knigge, Südwest Verlag, München 2001

Merz, Christina; Gotzen-Beek, Betina: Gutes Benehmen ist hüpfeleicht, Kerle im Verlag Herder, Freiburg 2003

Merz, Christine; Korthues, Barbara: Selber doof! Richtig streiten ist nicht schwer, Kerle im Verlag Herder, Freiburg 2007

Scheffler, Ursula; Timm, Jutta: Upps, benimm dich! Das vergnügte Benimmbuch für Kinder, ArsEdition, München 2004

Schönfeldt, Sybil Gräfin: Knigge für die nächste Generation, Rowohlt Verlag, Reinbek bei Hamburg 2003

Schwarz, Regina: Schimpfwörter-ABC, Esslinger Verlag, Esslingen 2007

Whybrow, Ian; Ross, Tony: Fiessein für Anfänger, Boje, Köln 2006

Wertvolle Elternratgeber

Ingrid Leifgen
Neugier macht klug
Kinder die Welt entdecken lassen
Band 5812
Mit grenzenloser Neugier kommt jedes Kind auf die Welt. Diese Neugier behutsam zu erhalten und zu unterstützen, ist die Kunst der Erziehung.

Rudolf Dreikurs / Loren Grey
Kinder lernen aus den Folgen
Wie man sich Schimpfen und Strafen sparen kann
Band 5902
Anhand vieler Beispiele zeigen die Autoren, dass Vertrauen in die Fähigkeiten der eigenen Kinder oft viel wirksamer ist als elterlicher Druck.

Wolfgang Jaede
Kinder für die Krise stärken
Selbstvertrauen und Resilienz fördern
Band 5791
Der Autor zeigt, was Kinder an Unterstützung und Schutz in ihrer Umwelt vorfinden müssen, um zu einem gesunden, lebensfrohen Menschen heranzuwachsen und Krisen zu meistern.

Hans Janssen
Wenn Kinder nicht hören wollen
Das 5-Schritte-Programm für genervte Eltern
Band 5697
Das erprobte Programm eines erfahrenen Erziehungsberaters, um das Verhalten der Kinder und dessen Ursachen in den Blick zu nehmen.

Ros Jay
**Wie Sie Ihr Kind dahin bekommen,
freiwillig zu tun, was Sie wollen**
Band 5819
Ob Schlafengehen, Discobesuch oder Taschengeld: Gefragt ist überzeugen, verhandeln, motivieren, führen.

HERDER spektrum

Marion Lemper-Pychlau
Erziehen mit natürlicher Autorität
Ohne Machtkämpfe und Druckmittel mit Kindern leben
Band 5568
Mit natürlicher Autorität können sich Eltern Schimpfen und
Strafen ersparen. Und sie zeigen damit, dass sie Eltern sind. Wie man
sie entwickelt und wann man sie gut einsetzt.

Marion Lemper-Pychlau
Kinder brauchen Disziplin
Was Eltern tun können
Band 5872
Kinder brauchen Liebe und Anerkennung – und sie brauchen Disziplin.
Eine erfahrene Mutter und Psychologin zeigt, wie dieses
schwierige Kapitel erfolgreich von Eltern gemeistert werden kann.

Walter Pacher
Erziehen ohne Machtkämpfe
Die Kunst, mit Kindern richtig umzugehen
Band 5563
Autoritäre Erziehung ist out. Die anti-autoritäre ebenso.
Die Pacher-Methode setzt auf Beziehung. Eltern kommen mit dem
Kind ins Gespräch, finden mit ihm gemeinsam Lösungen.

Uta Reimann-Höhn
Welche Talente und Begabungen hat Ihr Kind?
Mit vielen Tests und Checklisten
Band 5850
Unbegabte Kinder gibt es nicht! Wie Eltern in der Zeit vom letzten
Vorschuljahr bis zum Beginn der Pubertät die Stärken und besonderen
Talente ihres Kindes entdecken und fördern, ohne es zu überfordern.

Gerdamarie S. Schmitz
Was ich will, das kann ich auch
Selbstwirksamkeit – Schlüssel für gute Entwicklung
Band 5859
Zu wissen: Was ich schaffen will, das schaffe ich auch – das ist
Selbstwirksamkeit. Sie macht Kinder optimistisch, selbstbewusst
und glücklich.

HERDER spektrum